1 *На предыдущей странице: Райнер Мария Рильке в Вестерведе. 1901 (Собрание Шторка) – 2–7 На следующих страницах: Автограф письма Райнера Марии Рильке, направленного из Санкт-Петербурга Эмилию Фактору в связи с издательскими делами. Адрес с имя адресата написано кириллицей рукой Рильке, Май/июнь 1899 (Немецкий литературный архив, Марбах. В размер оригинала).* – Auf der vorhergehenden Seite: Rainer Maria Rilke in Westerwede. 1901 (Sammlung Storck) – 2–7 Auf den folgenden Seiten: Handschriftlicher Brief Rainer Maria Rilkes aus St. Petersburg an Emil Faktor, der ihn um Verlagsverbindungen angegangen haben dürfte. Adresse und Absender in kyrillischer Sprache von der Hand Rilkes, Mai/Juni 1899 (Deutsches Literaturarchiv, Marbach. Originalgröße)

St. Petersburg am 22. mai (3. juni) 99.

Mein lieber Herr Faktor,

Ihr brief hat einen weiten Weg machen müssen. Ich bin seit fünf Wochen in Russland und wie in der Heimat meiner leisesten Wünsche und und meiner dunkelsten Gedanken.

In Moskau merkte ich es zuerst: dieses ist das Land des unvollendeten Gottes, und aus allen Gebärden des Volkes strömt die Wärme seines Werdens wie ein unendlicher Segen aus. –

Dieses Erlebnis macht, dass ich immer noch vor der Heimkehr zögernd bleibe. Ich weiss nichts von draußen und Ihr brief ist eines von den seltenen Zeichen fernen Zusammenhanges, das mich berührt. Und Sie dürfen mir glauben, dass es eine gute Berührung war. Ich freue mich Ihrer Mittheilung sehr und würde ihr nicht so kurz begegnen, wenn ich nicht im Hôtelzimmer und

mit einer fremden Feder schreiben mußte! So nur das Sachlichste: Bitte, wenn Sie meinen Rath brauchen wollen, lehnen Sie sich an J. H. Meyer an. Ich glaube, daß dieser Verlag, mag er sich jetzt auch etwas zu leise benehmen, seine Zukunft hat und, daß diese Zukunft sich da und dort mit der unseren berühren wird.

Es kommt nicht auf das Tam-Tam an. Es handelt sich darum, die Bücher in gute und ruhige Hände zu legen, denn es ist wichtiger, daß sie irgend eine Heimat behalten, als daß ein ungeduldiger Sturm sie denen in die Hände streut, die nichts damit anfangen können.

Zu Bonz kann ich Ihnen nicht rathen, da er keine Gedichte verlegen will, Schuster und Loeffler beurtheilen Sie selbst richtig und nur Dr. Georg Bondi, Berlin W. Eichhornstraße (6 oder 8) bliebe noch zu bedenken. Indessen ist der durch die Herausgabe Stefan Georges augenblicklich stark beansprucht und überdies verreist (in Rom).

da Sie überdies imstande sind, der Herausgabe an 250 Mark zu widmen, wird es nicht schwer sein, eine treffliche Ausstattung zu verlangen.

Mein neues Buch erscheint reichlich mit Buchschmuck von Heinrich Vogeler (Worpswede) versehen — aber ich weiß auch noch nicht — wo.

Begreifen Sie, werter Herr Faktor, die schlechte Armut meines Rathes und nehmen Sie aus diesen Worten, wenigstens die aufrichtigste Sympathie und Theilnahme als Ihren Lz. Th.

So begrüß' ich Sie:

Rainer Maria Rilke

Meine ständige Adresse bleibt: Schmargendorf bei Berlin, Villa Waldfrieden.

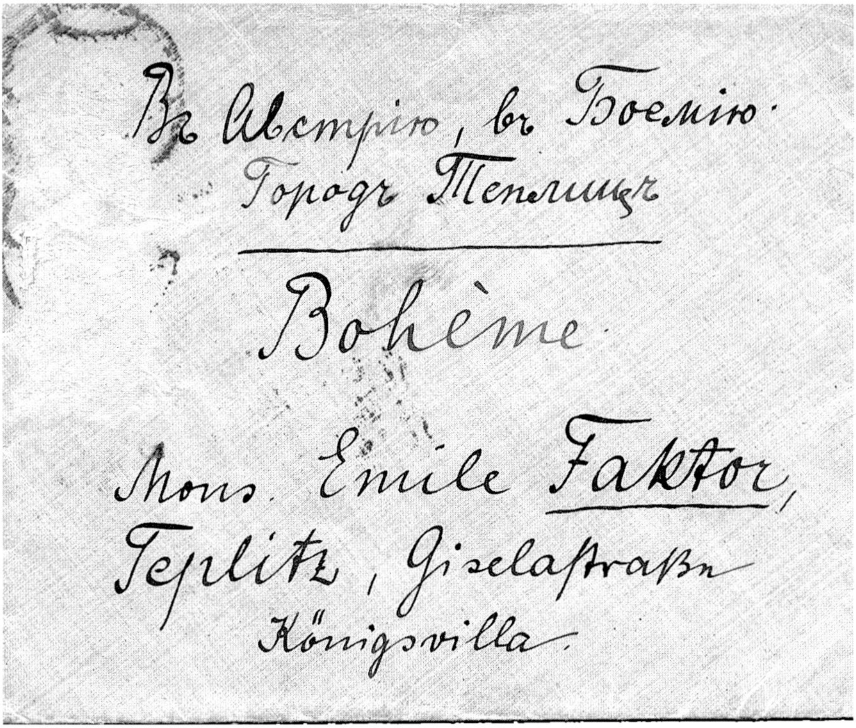
Въ Австрію, въ Богемію.
Городъ Теплицъ
Bohème
Mons. Emile Faktor,
Teplitz, Giselastraße
Königsvilla.

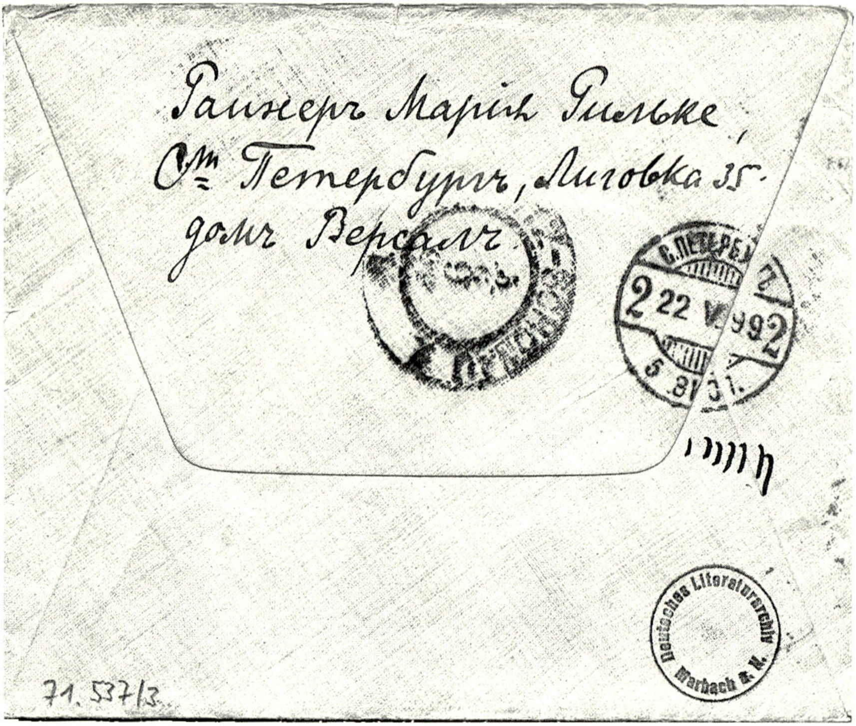

8 *На соседней странице: Л. Н. Толстой, 1908. Ясная Поляна. Фото К.К. Буллы (Государственный музей Л. Н. Толстого, Москва)* – Auf der gegenüberliegenden Seite: Leo Tolstoj in Jasnaja Poljana. 1908. Photographie von K. Bulla (Staatliches Tolstoj-Museum, Moskau)

В 1901 году, когда почтенный романист и владелец поместья ›Ясная Поляна‹ был еще жив, немецкий путешественник мог прочесть в своем путеводителе (пятое издание книжки »По России« – ›Серия Бедекера‹) лишь весьма краткую информацию о родовом имении великого писателя. В отрывке, посвященном маршруту поезда Москва – Курск [!], непосредственно после описания губернского города Тулы следует:

»На противоложной стороне от Тулы характер местности остается неизменным: холмистый, плотно застроенный и заселенный ландшафт; лиственные леса становятся менее заметны. – 193-я в(ерста): дачное местечко Козловка. На расстоянии $3^1/_2$ в[ерст] от станции (железнодорожное сообщение отсутствует, предупреждает путеводитель) расположена Ясная Поляна (стоимость проезда на дрожках туда и обратно из Тулы в один день 4 р[убля], место рождения и жительства известного русского писателя графа Льва Николаевича Толстого (р. 1828). –«

Последнее издание ›Бедекера по России‹ вышло в 1914 году. С этих пор лишь в одном немецком справочнике удалось отыскать сколько-нибудь подробные сведения о Ясной Поляне. Это книга А. Радо ›Путеводитель по Советскому Союзу‹, изданная под эгидой советского Общества культурных связей с зарубежными странами в 1928 году ›Новым немецким издательством‹ Вилли Мюнценберга в Берлине. Вот достаточно подробное и ясное по форме описание этого места из раздела ›Маршрут 12 Москва-Харьков‹:

»206 км Ясная Поляна. В 4 км от станции расположено именье Ясная Поляна, превращенное в мемориальный музей. (Открыт по вос., четв., 11–15; вход 10 коп.). В Ясной Поляне 28 августа 1828 г. родился Лев Толстой. Здесь он провел большую часть своей жизни, здесь он похоронен. Основные произведения Толстого также написаны в Ясной Поляне. Описание Ясной Поляны можно найти в романе ›Война и мир‹, повестях ›Утро помещика‹, ›Поликушка‹.

При въезде в поместье высятся две башни, образующие подобие ворот. За ними по широкой березовой аллее, так называемому Прешпекту, дорога ведет к дому. По правую сторону Прешпекта расположен парк, по левую – сад. Прешпект завершается короткой аллеей у дома. В доме внимание посетителей привлекут следующие комнаты: внизу комната для гостей и комната под сводами (в 80-е гг. – рабо-

1901, als Leo Tolstoj, der greise Romancier und Gutsherr von Jasnaja Poljana noch lebte, fanden Besucher aus deutschsprachigen Ländern in ihrem gerne mitgeführten ›Handbuch für Reisende‹, damals in der 5. Auflage von ›Baedekers Russland‹, nur eine kurze Angabe über den Geburts- und Wohnort des berühmten Autors, die im Abschnitt der Bahnreise »Von Moskau nach Kurßk«[!] unmittelbar nach der Gouvernementshauptstadt Tula aufzufinden war. Dort hieß es:

»Jenseit [!) Tula bleibt der Charakter der Gegend ziemlich derselbe: eine hügelige, gut bebaute und bevölkerte Landschaft; Laubwälder werden seltener. – 193 W[erst] *Koslówka,* Villenort. 3½ W[erst] von der Station (keine Wagen zu haben, Führer angenehm) liegt *Jássnaja Poljana* (Droschke von Tula hin und zurück in einem Tage 4 R[ubel], der Geburts- und Wohnort des bekannten russischen Schriftstellers Grafen Leo Nikolájewitsch Tolstói (geb. 1828). – «

Die letzte Auflage von ›Baedeker's Russland‹ erschien 1914. Seitdem ist nur in einem einzigen deutschsprachigen Reiseführer ausführlicher von Jasnaja Poljana die Rede gewesen. Der ›Führer durch die Sowjetunion. Gesamtausgabe‹, bearbeitet von A. Radò, erschien, herausgegeben von der Gesellschaft für Kulturverbindung der Sowjetunion mit dem Auslande, 1928 in Willi Münzenbergs Neuem Deutschen Verlag in Berlin. Die dortige Beschreibung, diesmal in die Darstellung der Route 12 *Moskau-Charkow* eingereiht, besticht durch ihre Genauigkeit und Detailfülle:

»206 km *Jassnaja Poljana.* 4 km von der Station liegt der Herrensitz *Jassnaja Poljana,* jetzt ein *Museum.* Geöffnet So., Do. und Sb. von 11 – 3; Eintritt 10 Kop[eken]. In Jassnaja Poljana ist am 28. August 1828 *Leo Tolstoj* geboren, hier hat er den größten Teil seines Lebens verbracht, und hier ist er begraben. Den größten Teil seiner Werke hat er hier geschrieben. Jassnaja Poljana kommt in seinen Roman sehr oft vor, wie z. B. in ›Morgen eines Gutsbesitzers‹, in ›Krieg und Frieden‹ und in ›Polikuschka‹.

Bei der Einfahrt in das Gut stehen zwei Türme, die zugleich das Tor bilden. Weiter führt der Weg zum Hause über eine breite Allee mit alten Birken, den sogenannten ›*Prospekt*‹. Auf der rechten Seite des Prospekts liegt der *Park* und links der *Garten.* Am Ende des Prospekts führt eine kurze *Allee* zum Hause. Im Hause sind folgende Zimmer bemerkenswert: unten: *Gastzimmer* und das Gewölbezimmer (in den 80er Jahren das *Arbeitszimmer von Tolstoj*); oben: die sogenannte *Kanzlei* oder *Bibliothek,* wo Tolstojs Werke ins Reine geschrieben wurden, und der *Saal.* In diesem Zimmer spielte sich hauptsächlich das Leben der

9 *Въездные башни усадьбы Ясная Поляна. 1908. Фото К. К. Буллы (Государственный музей Л. Н. Толстого, Москва)* – Die Einfahrtstürme zum Park in Jasnaja Poljana. 1908. Photographie von K. Bulla (Staatliches Tolstoj-Museum, Moskau)

чая комната Толстого); наверху так называемая канцелярия или библиотека, где произведения Толстого переписывались набело, и зала. В этой комнате происходили главные события в жизни семьи писателя. По стенам висят старинные портреты, в том числе и портреты самого Толстого работы Репина и Крамского. Здесь же бюсты, созданные Репиным, Ге и Трубецким. Далее расположены комната для гостей и кабинет. Здесь написаны Толстым его великие произведения. Кабинет имеет выход на балкон, откуда открывается великолепный вид на парк и окрестности Ясной Поляны. В кабинете можно увидеть портрет американского агросоциалиста Генри Джоржа, чьи идеи национализации земли Толстой разделял и пропагандировал в последние годы жизни. Здесь же – портреты любимых писателем Шопенгауэра и Страхова, а также американского философа Ллойда Харрисона, друга и единомышленника Толстого американского поэта Эрнста Кросби и любимого писателя хозяина кабинета – Диккенса. Слева от усадьбы расположен лесной массив ›Заказ‹, где похоронен Толстой. К могиле можно попасть

10 *Дом Л. Н. Толстого с южной стороны. Ясная Поляна. 1908. Фото К. К. Буллы (Государственный музей Л. Н. Толстого, Москва)* – Tolstojs Haus in Jasnaja Poljana von Süden. 1908. Photographie von K. Bulla (Staatliches Tolstoj-Museum, Moskau)

Familie Tolstojs ab. An der Wand hängen alte Porträts, darunter Porträts von Tolstoj, Arbeiten von Rjepin und Kramsskoj. Hier auch Büsten von Tolstoj, Arbeiten von Rjepin, Gay und Trubezkoj. Weiter folgt das *Gastzimmer* und das *Arbeitszimmer*. Hier hat Tolstoj seine großen literarischen Werke geschrieben. Aus dem Arbeitszimmer führt eine Tür auf den *Balkon*, von dem man eine prächtige *Aussicht* auf den Park und die Umgebung von Jassnaja Poljana hat. Im Arbeitszimmer sieht man das Porträt des amerikanischen Agrarsozialisten *Henry George*, dessen Ideen von der Nationalisierung des Landes und der Einheitsbodensteuer Tolstoj teilte und in der letzten Zeit seines Lebens propagierte. Hierselbst auch Porträts von Tolstojs Lieblingsphilosophen *Schopenhauer* und *Strachow*, von *Lloyd Harrison*, dem amerikanischen Philosophen, von dem amerikanischen Dichter *Ernst Crosbee*, dem Freund und Gleichgesinnten Tolstojs und das Porträt des Lieblingsschriftstellers Tolstojs – *Dickens*. Links von dem Herrensitz liegt der Wald »*Sakas*«, wo Tolstoj *begraben* ist. Zum Grabe kann man, ohne das Gut zu berühren, über den Weg gelangen, der von der Chaussee nach Jassnaja Poljana rechts abgeht. An der Wendung steht eine *Säule* mit einer Auf-

11 *Дом Толстого в Ясной Поляне. Прихожая 1910 (?). Любительская фотография (Государственный музей Л. Н. Толстого, Москва)* – Tolstojs Haus in Jasnaja Poljana. Vorraum. 1910. Amateurphotographie? (Staatliches Tolstoj-Museum, Moskau)

и не заходя в имение, по дороге, идущей от шоссе. На повороте стоит столб с указателем. Могила Толстого расположена в лесу, примерно в километре от изгиба дороги и в полукилометре от дома. Толстой пожелал быть похороненным именно здесь. Тело было предано земле 9 ноября 1910 года. Согласно воле Толстого, на могиле нет памятника или какого-либо знака. В настоящее время могила и дом, как и все поместье в целом, объявлены музеем и относятся к Главному музейному управлению Народного комиссариата образования.«

Сегодня Ясная Поляна восстановлена в прежнем виде после разрушений, причиненных ей немецкими войсками в период военной зимы 1942–43 гг.

schrift. Das Grab Tolstojs liegt in dem Walde, ungefähr 1 km von der Wegbiegung und ½ km von dem Hause entfernt. Tolstoj wünschte, hier begraben zu werden. Der Körper wurde am 9. November 1910 der Erde übergeben. Auf Wunsch Tolstojs bezeichnet kein Denkmal oder Schmuck die Grabstelle. Jetzt ist das Grab und das Haus, wie auch der ganze Herrensitz zu einem *Museum* erklärt und der Hauptmuseumsverwaltung des Volkskommissariats für Bildungswesen unterstellt worden.«

So also ist Jasnaja Poljana heute noch – oder vielmehr, nach den Zerstörungen durch deutsche Truppen im Kriegswinter 1942/43, heute wieder – vorzufinden.

12 *Л. Н. Толстой за работой в яснополянском кабинете. 1908. Фото К. К. Буллы (Государственный музей Л. Н. Толстого, Москва)* – Tolstoj in seinem Arbeitszimmer in Jasnaja Poljana. 1908. Photographie von K. Bulla (Staatliches Tolstoj-Museum, Moskau)

13 *Лу Андреас-Саломе. Мюнхен 1897. Фото ателье Эльвира, Мюнхен (Архив Лу Андреас-Саломе, Геттинген)* – Lou Andreas-Salomé. München 1897. Photographie: Atelier Elvira, München (Lou Andreas-Salomé-Archiv, Göttingen)

Rilke verdankt seine intensive Begegnung mit Rußland, die für sein weiteres Leben und sein eigenes Selbstverständnis von grundlegender Bedeutung werden sollte, der frühen Begegnung mit der damals schon weitbekannten, fast vierzehn Jahre älteren deutsch-russischen Schriftstellerin Lou Andreas-Salomé. 1861 als Tochter eines russischen Generals hugenottischer Herkunft und einer deutsch-dänischen Mutter in St. Petersburg geboren, wuchs sie in der damaligen Hauptstadt des Russischen Reiches auf, um sich, nach einem Studienaufenthalt in Zürich und Reisejahren in Mitteleuropa und Italien (dort 1882 ihre Begegnung mit Nietzsche), in der Folge ihrer Heirat mit dem Orientalisten Friedrich Carl Andreas seit 1887 endgültig in Deutschland niederzulassen. In München lernte sie, im Mai 1897, den damals einundzwanzigjährigen Poeten aus Prag kennen, der gerade sein zweites Münchner Semester absolvierte. Schon während der Sommerwochen im nahegelegenen Wolfratshausen, wo René zeichenhaft seinen Vornamen in Rainer änderte, nahm Frau Lous junger Freund und Liebhaber regen Anteil an den »eingehenden russischen Studien«, welche diese mit einem russischen Gast, dem St. Petersburger Schriftsteller und Kritiker Akim Wolynski, zur Vorbereitung künftiger Reisen in ihre russische Heimat trieb.

Als der junge Freund zum Wintersemester 1897/98 dem Ehepaar Andreas nach Berlin folgte und in deren Nähe, zunächst in Wilmersdorf, später in Schmargendorf eine kleine Wohnung bezog, galten seine Studien, die er neben einer geschäftigen literarischen Tätigkeit verfolgte, zunächst der kunsthistorischen Vorbereitung einer »Bildungsreise« in die Toskana. Während der dort verbrachten zwei Monate vermittelte ihm die Bekanntschaft mit einer zur Kur in Viareggio weilenden jungen Russin, Jelena Voronina (Helene Woronin) eine neue Beziehung zu Rußland und zu St. Petersburg. Doch erst der folgende Winter intensivierte die Beschäftigung mit dem Russischen, da nun ernstlich eine Reise nach Rußland bevorstand, für die sich das Ehepaar Andreas vorbereitete und der sich der junge Rilke anschließen sollte. »Eine Zeitlang«, so schreibt Lou Andreas-Salomé in ihrem 1931/32 geschriebenen, aber erst postum veröffentlichten Erinnerungsbuch ›Lebensrückblick‹, »hing sie mit einem Plan meines Mannes zusammen, eine Reise nach Transkaukasien und ins Persische zu unternehmen, woraus nichts wurde. Wir gingen nun, gegen Ostern 1899, zu dritt nach Petersburg zu den Meinigen und nach Moskau; erst um ein Jahr später durchreisten Rainer und ich Rußland ausführlicher.«

Своим близким знакомством с Россией, весьма значительным образом повлиявшим на его последующую жизнь и самосознание, Рильке обязан ранней встречей с уже известной в ту пору русско-немецкой писательницей Лу Андреас-Саломе, которая была старше поэта на четырнадцать лет. Она родилась в 1861 году в Петербурге. Ее отец, чьи предки были французскими гугенотами, в чине генерала состоял на русской службе, мать имела немецко-датское происхождение. Проведя первую часть жизни в столице Российской империи, Лу продолжила образование в Цюрихе, а затем совершила путешествие по центральной Европе и Италии (где в 1882 году повстречалась с Ницше). Выйдя замуж за востоковеда Фридриха Карла Андреаса, с 1887 года она окончательно осела в Германии. В Мюнхене в мае 1897 года госпожа Андреас познакомилась с молодым поэтом из Праги, завершившим свой второй семестр в Университете. Ему исполнился в ту пору 21 год. В течение последующих летних недель, проведенных в расположенном поблизости Вольфратсхаузене, где Рене путем легкой перестановки букв превратился в Райнера, Лу преподавала своему юному другу и возлюб енному »начальный русский курс«. В этом ей помогал приехавший в гости петербургский писатель и критик Аким Волынский [Аким Волынский редактировал петербургский журнал »Северный вестник«, где сотрудничала Лу Андреас-Саломе. – Прим. переводчика]. Так готовилось их совместное путешествие на ее родину.

Свой следующий учебный год (1897/98) Рильке начал в Берлине, куда последовал за четой Андреас. Он поселился вначале в Вильмерсдорфе, а затем в маленькой квартирке в Шмаргендорфе. Его учеба сочеталась с интенсивной литературной жизнью и подготовкой культурно-исторической базы для »образовательного« путешествия в Тоскану. В период двухмесячного пребывания в Италии на курорте Виареджо он приобрел еще одно русское знакомство, встретившись с молодой Еленой Ворониной из Петербурга. Наступившей зимой Рильке с удвоенной силой приступил к »русскому курсу«: супруги Андреас всерьез готовились к путешествию в Россию, и юный Рильке должен был присоединиться к ним. »В это время, – отмечала Лу Андреас-Саломе в своей написанной в 1931–32 гг., но опубликованной позднее книге воспоминаний ›Lebensrückblick‹ (›Взгляд в прошлое‹), – существовал план

Schon in dem Kapitel ›Das Erlebnis Rußland‹ aus diesem ›Grundriß einiger Lebenserinnerungen‹ faßt die Autorin die Bedeutung dieser Reisen auch im Hinblick auf Rilke in knappster Form zusammen:

»Unsere beiden gemeinschaftlichen Reisen nach Rußland hat in uns Zweien die immer höher steigende Sehnsucht dorthin zustande gebracht. Das wurde für jeden von uns ein Erlebnis außerordentlicher Art: für *ihn* im Zusammenhang mit einem Durchbruch seines schöpferischen Tuns, für das Rußland ihm schon die entsprechenden Sinnbilder bot, während er noch seine Sprache erlernte und es studierte; für *mich* einfach der Rausch des Wiedersehens mit der russischen Wirklichkeit in ihrem vollen Umfang: dicht um mich herum stellte sich dieses Volkes Land in seiner Weite, dieser Menschheit Elend, Ergebung und Erwartung; es umfing mich so überwältigend wirklich, daß ich nie wieder – außer in individuellsten Einzelerlebnissen – etwas von ähnlicher Stärke erfuhr. Das Außerordentliche der Wirkung an diesem Doppelerlebnis lag aber darin, daß uns in den gleichen Momenten und an den gleichen jeweiligen Gegenständen aufging, wessen jeder von uns bedurfte – schöpferisch daran werdend Rainer, und mein eigenes urältestes Bedürfen und Erinnern daran erlebend – hinlebend – ich.«

Am 25. (12.) April 1899 trat Rilke als Begleiter des Ehepaars Andreas seine erste Reise nach Rußland an. Am 27. (14.) April erreichte man Moskau. Schon am nächsten Tage folgte bereits »die Krone vor allem«, wie Rilke in einem Brief an seine Mutter vom 29. (16.) April schrieb: »gestern waren wir bei Graf Leo Tolstoi zum Tee und blieben zwei Stunden tief erfreut von der Güte und Menschlichkeit des Grafen. Gerührt von der rührenden Einfachheit seines Entgegenkommens und wie gesegnet von dem großen Greise, der so jugendlich gut sein und zürnen kann! Es ist über alle Worte!« Von ähnlicher Ergriffenheit und Überhöhung zeugt auch ein weiterer Brief, den Rilke am 19. (7.) Mai aus St. Petersburg an den Prager Schriftsteller Hugo Salus geschrieben hat: »Ich bin seit drei Wochen in Rußland wie seit drei Jahren so gern und gut. Moskau war das erste Ziel. Ostern die erste Freude. Tolstoi, den ich besucht habe, der erste Mensch im neuen Lande und der rührendste Mensch, der ‘ewige Russe’!«

Chronologisch allerdings ging der Besuch bei Tolstoj der eigentlichen Osterfreude voraus; und diese ließen sich die Besucher des leidenschaftlichen Greises auch nicht durch dessen Skepsis ausreden. Lou Andreas-Salomé vertraute dies ihrem Tagebuch an:

»Obgleich uns Tolstoi auf das heftigste ermahnt hatte, abergläubischem Volkstreiben nicht noch durch dessen Mitfeier zu huldigen, fand die Osternacht uns doch, direkt von ihm kommend, unter der Gewalt der Kremlglocken.«

путешествия вместе с моим мужем на Кавказ и в Персию, где мы прежде не бывали. На Пасху 1899 года мы втроем навестили моих родных в Петербурге, а потом заехали в Москву; годом позже Райнер и я объехали Россию более основательно.«

В главе ›Переживание России‹ в ›Очерке воспоминаний‹ писательница кратко описывает значение этих путешествий для Рильке:

»Оба наших совместных путешествия в Россию обострили в нас двоих страстное желание узнать ее. Для каждого это было впечатление необыкновенной силы: порыв его творческого духа превратил Россию в своего рода символ. В то время как он учился постигать ее язык, я была опьянена русской действительностью: вокруг простиралась страна этого народа в его широте, человечности, покорности и ожидании. Это оказало на меня столь всеохватное воздействие, какого я – за исключением отдельных моментов – более не испытывала. Необычным в этом совместном опыте было то, что впечатления, полученные в один и тот же миг и при одинаковых обстоятельствах, были восприняты Райнером, чье творческое становление происходило в ту пору, как бы в двойном объеме и включали в себя мои собственные стародавние мечты и воспоминания.«

25 (12) апреля 1899 года Рильке вместе с супругами Андреас начал свое первое русское путешествие. 27 (14) апреля они прибыли в Москву. Уже на следующий день настал »венец всего«, как выразился Рильке в письме к матери от 29 (16) апреля: »Вчера мы присутствовали на чае у графа Толстого и провели в его доме два часа, чрезвычайно тронутые его добросердечием и человечностью. Умиляет смиренная простота его обхождения и то, как великий старец может по-юношески радоваться и гневаться! Это выше всяких слов!« О тех же чувствах восхищения и пиетета к Толстому свидетельствует и другое письмо, адресованное 19 (7) мая из Санкт-Петербурга пражскому писателю Гуго Салусу: »Три недели в России по своей полноте сравнимы с тремя годами. Москва была первейшей целью. Пасха принесла необычайную радость. Толстой, которого я навестил, – первый человек в новой стране, трогательнейший человек, бессмертный русский!«

Хронологически, во всяком случае, визит к Толстому был действительно пасхальной радостью, что позволило путешественникам не заметить скептических излияний неистового старца. Лу Андреас-Саломе признавалась в этом в своем дневнике:

»Хотя Толстой обратил на нас всю глубину страсти, суеверная народная привычка почитания этого праздника осветила пасхальную

14 *Дом Л. Н. Толстого в Москве. 1914. Фото ателье »Шерер, Набгольц и К« (Государственный музей Л. Н. Толстого, Москва)* – Leo Tolstojs Moskauer Haus. 1914. Photographie von Scherer et Nabholz (Staatliches Tolstoj-Museum, Moskau)

15 *Московский дом Толстого со стороны сада. 1892. Фото ателье »Шерер, Набгольц и К« (Государственный музей Л. Н. Толстого, Москва)* – Leo Tolstojs Moskauer Haus von der Gartenseite. 1892. Photographie von Scherer et Nabholz (Staatliches Tolstoj-Museum, Moskau)

ночь силой его духа, умноженной на торжественные звоны кремлевских колоколов.«

Эта московская пасхальная ночь стала для молодого поэта своего рода »коренным воспоминанием«, к которому он неоднократно возвращался в последующие годы и о значении и последствиях которого он напоминал на Пасху 1904 года своей тогдашней спутнице, а впоследствии подруге жизни Лу Андреас-Саломе:

»Для меня жива лишь одна Пасха: той далекой необычайно волнующей ночью, когда хлынул народ и в темноте зазвонил Иван Великий, удар за ударом. Это была моя Пасха, и я, думаю, сохраню ее на всю жизнь. Благая весть снизошла на меня в ту ночь с московских улиц, она вошла в мою плоть и кровь. Я знаю теперь, что значит: Христос воскресе!«

Целую неделю провели в Москве прибывшие через Варшаву путешественники из Германии, затем шесть недель они гостили в родном городе Андреас-Саломе Петербурге. Оттуда еще раз заезжали в Москву в середине июня 1899 года, возвращаясь в Берлин через Данциг.

Среди знакомств, приобретенных Рильке, начинающим литератором и студентом, изучающим историю искусств, при поддержке его русско-немецкой подруги, были в Москве художник Леонид Пастернак и скульптор Паоло Трубецкой, в Петербурге – живописец Илья Репин. Но самое большое значение имела встреча с пожилым Львом Толстым, оставившая заметный след в его воспоминаниях. Мощь личности Толстого оказалась для молодого Рильке столь воздействующей, что, когда в поле его зрения попала полемическая статья графа ›Что такое искусство?‹, она заставила изменить взгляд на самого себя.

Трактат Толстого, представлявший собой своего рода »антиэстетическую эстетику«, в которой единственным оправданием сложной формы элитарного искусства объявлялось его нравственное воздействие, был переведен на немецкий сразу после выхода в свет, хотя и не в полном объеме, Алексеем Марковым. Рильке, побуждаемый Лу Андреас-Саломе к русским штудиям, оказался среди первых читателей этого весьма дискуссионного текста. Следует заметить, что русский романист был уже к этому времени известен начитанному шестнадцатилетнему ученику: в 1892 году в Линце, учась в Коммерческой академии, он читал Толстого »в высшей степени элегантной семье Дрюо«. Как раз в 1891 году вышло издание, объединившее в одном томе произведения писателя ›Детство‹ и ›Юность‹. Известно также письмо, написанное

Diese Moskauer Osternacht war für den jungen Dichter eine Art »Urerlebnis«, auf dessen Bedeutung und Nachklang er auch in späteren Jahren immer wieder zurückkam und das er zu Ostern 1904 aus Rom seiner damaligen Begleiterin und späteren Lebensfreundin Lou Andreas-Salomé erinnernd bestätigte:

»Mir war ein einziges Mal Ostern; das war damals in jener langen, ungewöhnlichen, ungemeinen, erregten Nacht, da alles Volk sich drängte, und als der *Ivan' Velikij* mich schlug in der Dunkelheit, Schlag für Schlag. Das war mein Ostern, und ich glaube es reicht für ein ganzes Leben aus; die Botschaft ist mir in jener moskauer Nacht seltsam groß gegeben worden, ist mir ins Blut gegeben worden und ins Herz. Ich weiß es jetzt: *Christos' voskres'!*«

Eine ganze Woche blieben die über Warschau angereisten Besucher in Moskau, dann weitere sechs Wochen in Frau Lous Heimatstadt St. Petersburg. Von dort fuhr man, nach einem kurzen zweiten Aufenthalt in Moskau, Mitte Juni 1899 über Danzig nach Berlin zurück. Unter den künstlerischen und literarischen Bekanntschaften, die Rilke, als Dichter wie als Kunststudent, meist mit Unterstützung seiner deutsch-russischen Freundin anzubahnen verstand – in

16 *Трехстворчатый русский алтарь (складень). 10,3 × 14,5 см, подарен Рильке, по преданию Клере Голл, Толстым и которого он ей подарил (Немецкий литературный архив. Марбах)* – Dreiflügeliger, russischer Altar im Format 10,3 × 14,5 cm, den Rilke nach der Überlieferung von Claire Goll von Tolstoj erhalten haben soll und den er ihr schenkte (Deutsches Literaturarchiv, Marbach)

учеником пражской частной гимназии, в котором он называет Толстого, Золя, Тургенева пророками, »предсказывающими приход нового блаженного поколения«.

Вместе с тем, себя самого Рильке ощущал лишь как »чистого лирика« для »узкого круга«. Его удобное существование в рамках символизма было нарушено статьей Толстого, заставившей пересмотреть собственную эстетическую позицию. Размышления на эту тему появились в первом ежегоднике художественного журнала венского модерна ›Ver Sacrum‹ в ноябре 1898 года под заголовком ›Об искусстве‹. Уже начало этого текста имело характер манифеста: »Граф Толстой в последней, весьма неоднозначной статье ›Что такое искусство?‹ дает свой собственный ответ на длинный ряд определений искусства, звучавших на протяжении истории. Все эти дефиниции, которые обобщает писатель, имеют нечто общее: они характеризуют не свойства искусства, а его воздействие«. Для молодого Рильке искусство являлось скорее формой »мировоззрения« по аналогии с »религией«, »наукой« или »социализмом«. Поэтому его собственное определение носит в строгом смысле не эстетический, а скорее онтологический характер: »Необходимо отметить, что значение красоты заключено не в воздействии, а в самом ее быти«. Полярность этих позиций на самом деле чрезвычайно значима, ибо крайность взгляда Толстого вытекала из противоречивости натуры великого русского романиста. Толстой был одновременно великолепным рассказчиком и самобытным общественным реформатором, натурой необыкновенно чувствительной и склонной к морализаторству. Вот отчего впоследствии Рильке называл Толстого »тысячью противоречий«, »великим несравненным художником, который проявляется в нем сквозь окаменелый пласт собственных жизненных воззрений« (из письма к Александру Бенуа, 28.07.1901). Эта противоречивость была, однако, частью его необыкновенной личности. Именно так воспринял Рильке графа Толстого при первом знакомстве. Их вторая, более значимая встреча должна была состояться во время следующего приезда поэта в Россию (Sophie Brutzer, Rilkes russische Reisen, Königsberg, 1934).

Moskau mit dem Maler Leonid Pasternak und dem Bildhauer Pavel Trubetzkoj, in St. Petersburg mit dem Maler Ilja Rjepin – , blieb dennoch von der Begegnung mit dem greisen Tolstoj der größte Eindruck in Rilkes Erinnerung zurück. Die Macht seiner Persönlichkeit hatte jene Einschänkungen weggewischt, die zu formulieren der junge Rilke sich veranlaßt gesehen hatte, als ihm 1898 die in seiner Sicht »kunstfeindliche« Streitschrift des Grafen ›Was ist Kunst?‹ in die Hände gefallen war.

Tolstojs Traktat – eine »antiästhetische Ästhetik«, welche die Kunst nur durch ihre moralisch verstandene Wirkung unter Abwertung formal-elitärer Komplexität gelten läßt – ist sogleich auch, obzwar noch unvollständig, in deutscher Übersetzung von Alexis Markow erschienen. Rilkes von Lou Andreas-Salomé angeregte Beschäftigung mit russischen Dingen ließ ihn zu einem frühen Leser dieser heiß diskutierten Schrift werden. Der russische Romancier war schon dem leseeifrigen Schüler kein Unbekannter geblieben: als der 16jährige 1892 noch die Linzer Handelsakademie besuchte, hatte er bereits »bei der höchst eleganten Familie Drouot« Tolstoj gelesen; vermutlich die gerade 1891 erschienenen ›Lebensstufen‹, in denen die beiden Bände ›Knabenalter‹ und ›Jünglingsjahre‹ vereinigt waren. Und im Februar 1894 bekannte ein Brief des Prager gymnasialen Privatschülers, daß ihm »Tolstoj, Zola, Turgeniew« lange »Propheten« gewesen seien, »die ein neues glückseliges Zeitalter anzukündigen schienen«; doch eine »Wandlung« in ihm habe ihn inzwischen in eine »innere Welt« geführt, wo er nun nur die »wahre Lyrik« für eine »kleine Schar« gelten lasse. So war er bereits der Gegenwelt einer symbolistischen »Moderne« zugetan, als die Tolstojsche Schrift ihn zu einem ersten Versuch anregte, seine eigene ästhetische Position zu bestimmen. Seine Überlegungen erschienen noch im ersten Jahrgang der Wiener Secessions-Zeitschrift ›Ver Sacrum‹, im November 1898, unter dem Titel ›Über Kunst‹. Schon der Anfang war programmatisch:

»Graf Lew Tolstoj hat in seinem letzten vielumfragten Buche ›Was ist Kunst?‹ seiner eigenen Antwort eine lange Reihe von Definitionen aus allen Zeiten vorangestellt. [...] Allen diesen Meinungen von Kunst, derjenigen Tolstojs mit eingeschlossen, ist aber Eines gemeinsam: es wird nicht so sehr das Wesen der Kunst betrachtet, vielmehr sind alle bemüht, sie aus ihren Wirkungen zu erklären.«

Auch für den jungen Rilke stellt sich die Kunst als eine »Lebensauffassung« dar; in Analogie zu, aber unterschieden von »Religion«, »Wissenschaft« oder »Sozialismus«. So ist auch seine Definition nicht einmal, im strengen Sinne, ästhetisch, sondern ontologisch: »Wir müssen es aussprechen, daß das Wesen

17 *Л. Н. Толстой. 1896. Москва. Ателье »Шерер, Набгольц и К« (Государственный музей Л. Н. Толстого, Москва)* – Leo Tolstoj. 1896. Photographie von Scherer et Nabholz, Moskau (Staatliches Tolstoj-Museum, Moskau)

der Schönheit nicht im Wirken liegt, sondern im Sein.« Eine Spannung liegt in diesen beiden Positionen begründet, die letzten Endes aus der widersprüchlichen Doppelnatur des großen russischen Romanciers selbst folgen mußte. Tolstoj war ein gewaltiger Erzähler und zugleich ein eigensinniger Sozialreformer, ein Sinnenmensch und ein Moralist in einem, sodaß Rilke ihn später einmal den »Tolstoi der tausend Widersprüche« nannte, den »großen unvergleichlichen Künstler, der jetzt nur mühsam durch die organische Versteinerung seiner persönlichen Lebensanschauung« durchbreche (an Alexander N. Benois, 28.7.1901). Diese Widersprüche waren aber Bestandteil einer ungewöhnlichen Persönlichkeit; als solche hat Rilke den Grafen bei der ersten, ihn überwältigenden Begegnung erlebt. Eine zweite, noch weitaus wichtigere Begegnung sollte auf der zweiten Rußlandreise folgen (Sophie Brutzer, Rilkes russische Reisen, Königsberg 1934).

3 DIE ZWEITE RUSSLANDREISE

Die Monate zwischen der ersten und der zweiten Rußlandreise standen für Rilke wie für Lou Andreas-Salomé ganz im Zeichen intensiver russischer Studien. Dabei sollte auch der Begegnung mit Lew Tolstoj weiterhin gedacht, die lose Verbindung durch Zeichen der Aufmerksamkeit unterhalten werden. Eine Sendung mit drei Schriften der drei Moskauer Besucher – von Dr. Andreas seine Studien über ›Die Babisten in Persien‹, an der Tolstoj Interesse gezeigt hatte; von Lou Andreas-Salomé ihr jüngster Novellenzyklus ›Menschenkinder‹; von Rilke schließlich die im gleichen Jahr 1899 erschienenen ›Zwei Prager Geschichten‹, von denen der Verfasser in seinem Begleitbrief vom 8. September 1899 versicherte, daß dieses Buch »vielen dunklen Gefühlen entsprang, die mich an meine slawische Heimat, Prag, binden«. Der Anfang wie der Schluß jedoch rufen jeweils den unvergessen gebliebenen Besuch im Moskauer Haus des Grafen in Erinnerung:

»Hochverehrter Herr Graf,

als an jenem bedeutenden Abende in Moskau uns dreien: Frau Lou Andreas-Salomé, Dr. F. C. Andreas und mir der tiefe Eindruck Ihrer Persönlichkeit geschenkt ward, wie etwas, was uns in einem breiten einfachen Gefühle zusammenschloß: da mochte in uns schon der Wunsch entstanden sein, später noch

Месяцы между первым и вторым посещением России были для Рильке, как и для Лу Андреас-Саломе, временем интенсивных русских занятий. Предполагалось продолжить знакомство с Львом Толстым, о чем свидетельствуют посылаемые ему знаки внимания. Его московские посетители отправили писателю посылку из трех книг: труд доктора Андреаса »Бабиды в Персии« [бабиды – мусульманская секта, которыми интересовался Толстой. – Прим. переводчика], последний цикл рассказов Лу Андреас-Саломе ›Дети человеческие‹ и выпущенные в том же 1899 году ›Две пражских истории‹ Рильке. В сопроводительном письме к этой публикации 8 сентября 1899 года сочинитель предупреждал, что в ней ощущается »много тайных дум, связывающих меня с моей славянской родиной, Прагой«. В начале письма, как и в его конце содержится указание на незабываемость впечатления от посещения Толстого в его московском доме:

»Досточтимый граф,

в тот незабываемый вечер в Москве мы трое – госпожа Лу Андреас-Саломе, доктор Ф. К. Андреас и я получили сильнейшее впечатление от встречи с Вами и открытой простой манеры обращения с собеседниками. Уже тогда у нас возникло желание сохранить теплоту нашей встречи и вновь побывать у Вас с помощью какой-нибудь книги […]

Итак, мы снова предстаем перед Вами, глубокоуважаемый граф, втроем и порознь. Ваши добросердечие и милость помогли соединиться нашим книгам в этом послании, как и мы, их авторы, объединены в своем глубочайшем почтении к Вам, о чем и свидетельствуем вновь.

Райнер Мария Рильке«. [письмо впервые опубликовано на русском языке Э. Е. Зайденшнур в 1939 году в ›Литературном наследстве‹ № 37–38. – Прим. переводчика]

25 (13) сентября Толстой, находясь в Ясной Поляне, поблагодарил за присланные книги [книги вошли в состав яснополянской библиотеки писателя, экземпляр издания Рильке разрезан до 98-й страницы. – Прим. переводчика]. Особого внимания писателя удостоились три рассказа госпожи Андреас, прочитанные им, вероятно, впервые. В его ответе, написанном по-французски, говорилось:

»Благодарю вас за книги и за ваше письмо. Я с удовольствием вспоминаю о приятном и интересном разговоре, который имел с вами и вашими

einmal mit dem oder jenem Buche bei Ihnen uns einzufinden, um die durch Ihre Güte so schön und schlicht begründete Nähe dauernd zu bewähren.

[...]

So treten wir noch einmal zu dritt und doch einzelner bei Ihnen, hochverehrter Herr Graf, ein, und Ihre liebe und bereite Güte muß sich unseren stilleren, geduldigeren Büchern nicht so hilfreich verästen wie bei jenem späten Besuche der drei Fremden, deren Gemeinsamkeit vor Ihnen nur in der großen und aufrichtigen Verehrung bestand, deren wir Sie aufs neue versichern.

Rainer Maria Rilke«.

Am 25. (13.) September antwortete der Graf aus Jasnaja Poljana und dankte für die Sendung mit den drei Büchern, von denen er inzwischen nur erst die drei Erzählungen von Frau Andreas gelesen hatte, in einem französisch geschriebenen Brief. Er schloß mit der Versicherung:

»[...] je vous remercie pour les livres et votre lettre. Je me souviens avec plaisir de l'agréable et intéressant entretien, que nous avons eu avec vous et vos amis pendant votre visite chez moi à Moscou

Recevez, monsieur, mes sentiments distingués

Léon Tolstoi«.

Noch vor Antritt der zweiten, sehr viel längeren Rußlandreise, die vom 7. Mai (25. April) bis zum 24. (11.) August 1900 dauerte, hatte Rilke einiges an Tolstoj-Lektüre nachgeholt; nun nicht mehr nur in deutscher Übersetzung, wie im März 1900 den Roman ›Auferstehung‹ und im anschließenden April ›Krieg und Frieden‹, sondern, vor allem und gründlich, in russischer Sprache ›Kazaki‹ (›Die Kosaken‹, 1863). Die Lektüre des Romans ›Auferstehung‹ beeindruckte Rilke besonders, weil er in ihm wiederum den ungewollten Sieg des Künstlerischen über das Moralisch-Ideologische bezeugt sah. In einem Brief an die befreundete Moskauer Schriftstellerin Sofja Nikolajewna Schill (Sof'ja Nikolaevna Šil) vom 16. März 1901 aus Schmargendorf betonte er:

»Übrigens ist die ›Auferstehung‹ ein sehr bedeutendes Buch voll künstlerischer Werte; und wenn man überlegt, daß es nicht unter dem Einsetzen dieses großen Künstlertums entstanden ist, sondern in einem steten Kampf *gegen* dasselbe fortschreitet, so kann man die übermenschliche Gewalt dieser künstlerischen Kraft ermessen, welche, trotz aller Gegenwehr des greisen Tolstoi, so wunderbar mächtig bleibt über einzelnen Teilen des Werkes.«

Sofja Schill ist auch diejenige Korrespondentin des jungen Dichters, die den spontansten und ausführlichsten Bericht über den Besuch erhält, den die beiden

друзьями, когда вы были у меня в Москве. Примите, милостивый государь, уверения в моем искреннем расположении.

Лев Толстой«. (Цитируется по переводу текста Полного собрания сочинений Л. Н. Толстого, М–Л, 1933, т. 72).

Еще до начала второго, более продолжительного по времени, путешествия в Россию, продлившегося с 7 мая (25 апреля) по 24 (11) августа 1900 года, Рильке уделял много времени чтению Толстого, большей частью по-немецки. В марте 1900 года он знакомится с романом ›Воскресение‹, в следующем месяце читает ›Войну и мир‹. По-русски ему удается прочесть ›Казаков‹. Наибольшее воздействие на Рильке производит ›Воскресение‹, в котором он увидел еще одну победу Толстого-художника над Толстым-моралистом. В письме знакомой московской писательнице Софье Николаевне Шиль [Софья Шиль, 1861–1928, познакомилась с Рильке зимой 1899–1900 гг в Шмаргендорфе (Берлин) и способствовала постижению Рильке русской культуры. – Прим. переводчика], от 16 марта 1901 года из Шмаргендорфа поэт подчеркивал:

»В остальном ›Воскресение‹ очень важная книга, большой художественной силы. И даже если рассматривать ее не с позиций этой художественности, а с противоположной точки зрения, сверхчеловеческая сила таланта все равно одерживает верх, вопреки нынешним взглядам почтенного автора. Как замечательно хороши отдельные части этого произведения.«

Софья Шиль – тот самый корреспондент Рильке, которому адресовано первое детальное описание совместного с Лу визита к Толстому в Ясную Поляну. Это была кульминация их второго, четырехмесячного пребывания в России. Вначале они месяц прожили в Москве и в конце почти столько же – в Петербурге. В этот раз интерес Рильке был больше направлен на изобразительное искусство, хотя и в Москве, и в Петербурге его собеседниками становились художники и критики, равно как и литераторы. В Москве он встречался с близким Толстому художником Леонидом Пастернаком и критиком Павлом Эттингером, в Санкт-Петербурге с художественным критиком Александром Бенуа и публицистом и историком искусств Сергеем Дягилевым. Между пребыванием в двух столицах, по совету тонкого знатока искусства князя Сергея Ивановича Шаховского [видный земский деятель, с которым Рильке и Лу Андреас-Саломе познакомила Софья Шиль. – Прим. переводчика], они совершили

Reisenden, Lou und Rainer, dem Grafen Tolstoj diesmal auf seinem Gut Jasnaja Poljana abstatten. Er wird ein Höhepunkt auf dieser zweiten, fast vier Monate dauernden Rußlandreise, die sich aus einigen längeren Aufenthalten und einer langen Reiseroute zusammensetzt. Erneut steht ein fast einmonatiger Aufenthalt in Moskau am Anfang, eine fast gleichlange Zeit in St. Petersburg am Ende. Rilkes Interessen sind jetzt noch stärker kunstgeschichtlich orientiert, weshalb sowohl in Moskau als auch in St. Petersburg neben Literaten auch Maler und Kunstkritiker zu gesuchten Gesprächspartner werden: in Moskau wiederum der auch mit Tolstoj befreundete Maler Leonid Pasternak und der Kritiker Pawel Ettinger, in St. Petersburg der Kunstkritiker Alexander Benois und der Publizist und Kunsthistoriker Sergej Djagilew. Dazwischen dann allerdings, dank der Unterstützung durch den kunstsinnigen Fürsten Sergej Iwanowitsch Schachowskoj, die am 31. Mai begonnene lange Reise durch die Ukraine und Südrußland (Kiew – Krementschug – Poltawa – Charkow – Woronesch) nach Saratow an der Wolga; von dort in mehr als einwöchiger Dampferfahrt die Wolga aufwärts über Samara, Simbirsk, Kasan, Nischnij Nowgorod bis nach Jaroslawl; und von dort am 5. Juli zurück nach Moskau. Vom 18. bis zum 22. Juli wird man nochmals aufs Land fahren: zum »Bauerndichter« Droshshin nach Nisowka bei Twer, dann auf das benachbarte Gut Nowinki des Grafen Nikolai Tolstoj, eines entfernten Verwandten des Erzählers (Rilke und Rußland. Briefe. Erinnerungen. Gedichte, hrsg. von Konstantin Asadowski, Berlin und Weimar 1986).

длительную поездку по Украине и Южной России (Киев – Кременчуг – Полтава – Харьков – Воронеж), начавшуюся 31 мая. Добравшись затем до Саратова, путешественники пароходом через Самару, Симбирск, Казань, Нижний Новгород плыли до Ярославля, откуда 5 июля выехали обратно в Москву. С 18 по 22 июля они еще раз покинули город, чтобы посетить »деревенского поэта« Дрожжина в Низовке под Тверью [интересом к Дрожжину Рильке обязан Софье Шиль, находившейся под сильным воздействием идей христианского народничества. – Прим. переводчика] и соседнее именье ›Новинки‹, принадлежавшее дальнему родственнику писателя графу Николаю Толстому. (Rilke und Russland. Briefe. Erinnerungen. Gedichte, hrsg. von Konstantin Asadovski, Berlin und Weimar 1986).

4 ПОСЕЩЕНИЕ ЯСНОЙ ПОЛЯНЫ

Поэт Борис Пастернак, сын художника Леонида Пастернака, начинает автобиографические заметки, вышедшие отдельной книгой под заглавием ›Охранная грамота‹ в 1931г. [по-немецки в 1958 г. под заглавием ›Geleitbrief. Entwurf zu einem Selbstbildnis‹. – Прим. переводчика] с воспоминаний о событиях 31 мая 1900 года, когда он, десятилетний мальчик, стал свидетелем прибытия двух путешественников из Германии:

»Жарким летним утром 1900 года с Курского вокзала отходит курьерский поезд. Перед самой отправкой к окну снаружи подходит кто-то в черной тирольской разлетайке. С ним высокая женщина. Она, вероятно, приходится ему матерью или старшей сестрой. Втроем с отцом они говорят о чем-то одном, во что все вместе посвящены с одинаковой теплотой, но женщина перекидывается с мамой отрывочными словами по-русски, незнакомец же говорит только по-немецки. Хотя я знаю этот язык в совершенстве, но таким я его никогда не слыхал. Поэтому тут, на людном перроне, между двух звонков, этот иностранец кажется мне силуэтом среди тел, вымыслом в гуще невымышленности.

В пути, ближе к Туле, эта пара опять появляется у нас в купе. Говорят о том, что в Козловой Засеке курьерскому останавливаться нет положенья и они не уверены, скажет ли обер-кондуктор машинисту вовремя придержать у Толстых. Из следующего за тем разговора я заключаю, что им к Софье Андреевне, потому что она ездит в Москву на

Der Dichter Boris Pasternak, Sohn des Malers Leonid Pasternak, beginnt seinen ersten autobiographischen Versuch – als Buch 1931 unter dem Titel ›Ochrannaja gramota‹ (deutsch 1958 unter dem Titel ›Geleitbrief. Entwurf zu einem Selbstbildnis‹) erschienen – mit der Erinnerung an jenen 31. Mai 1900, an dem er als Zehnjähriger den Aufbruch der beiden aus Deutschland gekommenen Besucher vom Kursker Bahnhof in Moskau miterlebte:

»An einem heißen Sommermorgen des Jahres 1900 verließ ein Schnellzug den Kursker Bahnhof in Moskau. Unmittelbar vor der Abfahrt trat ein Mann im schwarzen Tiroler Umhang an das Fenster unseres Abteils. Mit ihm eine hochgewachsene Frau. Sie mochte wohl seine Mutter oder seine ältere Schwester sein. Die beiden unterhielten sich mit meinem Vater über ein Thema, dem sie sich alle drei mit der gleichen Wärme hingaben. Die Frau wechselte ab und zu ein paar Worte Russisch mit meiner Mutter, der Fremde aber sprach nur Deutsch. Obwohl ich diese Sprache gut kannte, hatte ich sie noch nie so sprechen hören. Und deshalb erschien mir dieser Mann in dem Gedränge, das zwischen dem ersten und dem zweiten Läuten auf dem Bahnsteig herrschte, wie eine Silhouette inmitten von Körpern, wie eine Fiktion im Dickicht der Wirklichkeit.

Unterwegs, nicht weit von Tula, erschien das Paar wieder, diesmal in unserem Abteil. Sie meinten, man könne sich nicht darauf verlassen, daß der Schnellzug in Koslowka-Saseka halte, und sie seien nicht sicher, ob der Schaffner dem Lokomotivführer rechtzeitig sagen werde, er möchte bei den Tolstojs anhalten. Dem dann folgenden Gespräch entnahm ich, daß sie zu Sofia Andrejewna wollten – sie pflegte nämlich zu den Symphoniekonzerten nach Moskau zu fahren und war erst kürzlich bei uns gewesen –, ein unendlich wichtiges Thema, das durch die Initialen Graf L. N. symbolisiert wurde und eine geheimnisvolle, aber ermüdend oft erörterte Rolle in unserer Familie spielte, ohne daß es sich in einer bestimmten Persönlichkeit verkörperte. […] Dann verabschiedeten sich die beiden und gingen in ihr Abteil zurück. Kurz darauf wurde der vorwärtsstürmende Zug von den Bremsen gezügelt. Birken schimmerten auf, die Puffer stießen krachend gegeneinander. Ein wolkiger Himmel löste sich erleichtert aus einem Wirbel singenden Sandes. Ein Zweigespann mit einer leeren Kutsche flog in gestrecktem Galopp um einen kleinen Wald und hüpfte, als tanzte es Krakowiak, den beiden Reisenden entgegen, die gerade ausgestiegen waren. […] Die beiden winkten uns mit ihren Taschentüchern zum Ab-

симфонические и еще недавно была у нас, то же бесконечно важное, что символизировано буквами гр. Л.Н. и играет скрытую, но до головоломности прокуренную роль в семье, никакому воплощенью не поддается (…) Потом они прощаются и уходят в свой вагон. Немного спустя летящую насыпь берут разом в тормоза. Мелькают березы. Во весь раскат полотна сопят и сталкиваются тарели сцеплений. Из вихря певучего песку облегченно вырывается кучевое небо. Полуповоротом от рощи, распластываясь в русской, к высадившимся подпархивает порожняя пара пристяжкой […] Нам машут на прощанье платками. Мы отвечаем. Еще видно, как их подсаживает ямщик. Вот, отдав барышне фартук, он привстал, краснорукий, чтобы поправить кушак и подобрать под себя длинные полы поддевки. Сейчас он тронет. В это время нас подхватывает закругленье, и, медленно перевертываясь, как прочитанная страница, полустанок скрывается из виду« (Цитируется по: Борис Пастернак. ›Воздушные пути‹, М. 1982).

То, что запечатлелось в памяти русского поэта и составило начало его автобиографии, отразилось также и в воспоминаниях его отца, жившего в то время с женой и двумя дочерьми в Берлине в положении полуссыльного. Они приводятся, в частности, искусствоведом Максом Осборном в опубликованной им в 1932г. в Варшаве монографии (Max Osborn, Leonid Pasternak, Warschau 1932).

»Случайно мы встретились на станции между Москвой и Тулой. Я с семьей ехал на юг. Когда я вышел из вагона на какой-то станции, то вдруг увидел Рильке. После радостного приветствия я спросил его, куда он направляется. Оказалось, что он собирается в Ясную Поляну, но – стал жаловаться Рильке – он не может установить, находится ли Толстой в данный момент у себя в Ясной или уехал куда-нибудь… Я был в состоянии тут же помочь ему в его затруднительном положении; в том же поезде ехал один близкий друг Толстого, который сейчас же телеграммой известил Толстых и таким образом облегчил Рильке посещение Ясной Поляны и встречу с Львом Николаевичем. Такой же случайностью было и то, что мой сын Борис (тогда еще десятилетний гимназист), вышедший из вагона со мной на перрон станции, в первый и последний раз в жизни видел Рильке – еще молодого. И не снилось тогда ни ему, ни мне, что великий немецкий поэт так сильно в будущем повлияет на него.« (Цитируется по: Л.О. Пастернак. ›Записи разных лет‹, М., 1975).

Эти воспоминания были написаны много позже происходивших событий. Поэтому нет ничего удивительного в том, что при всей несомненной

schied zu, wir winkten zurück. Wir sahen gerade noch, wie der Kutscher mit seinen roten Ärmeln ihnen beim Einsteigen half, wie er der Dame eine Staubdecke reichte und sich dann ein wenig aufrichtete, um seinen Gürtel zurechtzurücken und seine langen Rockschöße glattzustreichen. Gleich würde er losfahren. Aber da erfaßte uns eine Biegung, und die kleine Station verschwand wie eine Buchseite, die man gelesen hat und umblättert. [...].«

Was hier der russische Dichter als eine Kindheitserinnerung an den Anfang seiner frühen Autobiographie setzt, das stellt sich in der Erinnerung des Vaters – der zu einer Zeit, da er mit seiner Frau und seinen beiden Töchtern halb-exiliert in Berlin lebte, dem Kunsthistoriker Max Osborn Texte für eine 1932 in Warschau erschienene Monographie lieferte (Max Osborn, Leonid Pasternak, Warschau 1932) – wie folgt dar:

»Rilke kam wieder nach Rußland und diesmal, um eine größere Reise zu unternehmen. Zufällig trafen wir uns auf einer Station zwischen Moskau und Tula. Ich fuhr mit meiner Familie nach Südrußland. Als ich aus dem Wagen auf den Bahnsteig hinausging – traf ich Rilke, der mir eine Verlegenheit klagte, – er möchte nämlich gerne nach der ›Jasnaja Poljana‹ zu Tolstoi, aber er weiß nicht, ob Tolstoi auf seinem Gute oder auf einer Reise sich befinde. Ich half Rilke sofort aus seiner Verlegenheit, indem ich ihn mit einem intimen Freunde von Tolstoi zusammenführte, der glücklicherweise im selben Zug fuhr, und welcher dem besorgten Rilke durch telegraphische Voranmeldung den Besuch leicht und erfolgreich machte. Ein bemerkenswertes Spiel des Lebenszufalls bei dieser Begegnung war noch der Umstand, daß mein Sohn, damals ein zehnjähriger Gymnasiast (jetzt bekannter russischer Lyriker), der sich mit mir auf dem Bahnsteig befand und meinen jungen deutschen Bekannten zum ersten und letzten Mal zu sehen bekam, damals wohl nicht (wie ich auch) ahnte, daß dieser Bekannte einst als der große deutsche Lyriker auf ihn den größten Einfluß ausüben würde und es ihm wiederum gegönnt sein wird, mit seinen dichterischen Übersetzungen für die Kenntnis und Schätzung Rilkes Werke im Bereich der jungen russischen Literatur viel beizutragen ...«.

Diese Erinnerungen wurden erst Jahrzehnte nach dem Ereignis selbst niedergeschrieben. So ist es kein Wunder, daß bei aller bewahrten Schärfe der Beobachtung manche Einzelheiten der zeitlichen oder örtlichen Bestimmung sich verschoben oder, im Falle des einst erst zehnjährigen späteren Dichters, eine gewisse Ausschmückung erfahren haben. Wenden wir uns daher dem unmittelbarsten Zeugnis zu, das endgültig den 1. Juni – nach dem alten russischen Kalender den 19. Mai – als den genauen Tag des Besuchs auf Jasnaja Poljana erkennen läßt. Gleich am folgenden Tag gibt Rilke, mit Lou Andreas-Salomé zunächst in

наблюдательности автора отдельные детали, связанные с временем и местом действия, оказались несколько смещенными, а сама встреча с поэтом явно приукрашенной. Мы обладаем неоспоримым свидетельством того, что визит в Ясную Поляну состоялся 1 июня (19 мая). На следующий день Рильке и Лу Андреас-Саломе вернулись в Тулу, откуда был отправлен подробный отчет о поездке »любезнейшей Софье Николаевне« :

»[...] Москва, так любимая нами, поблекла в ожиданиии предстоящего. Мы и вообразить себе не могли, как близко было то, к чему мы стремились всей душой. В поезде нам встретился проф. Пастернак, ехавший в Одессу. Когда мы поделились с ним неопределенностью нашей ситуации, связанной с тем, что мы не знали, где в настоящее время находится Толстой, он обратился к близкому Толстому человеку господину Буланже [Павел Александрович Буланже, 1864–1925, инженер, известен своей близостью к Толстому, автор ряда статей о нем. – Прим. переводчика], оказавшемуся в том же поезде и хорошо осведомленному о местонахождении писателя. Господин Буланже со всей любезностью дал нам необходимые советы. Мы решили остаться в Туле, а на следующий день утром выехать в Лазарево и оттуда лошадьми в именье Оболенских Пирогово [с 3 по 18 мая Толстой гостил у своей дочери Марии Львовны Оболенской в Пирогово. – Прим. переводчика], где по расчетам Буланже все еще должен был находиться Толстой. Два дня назад господин Буланже проводил в Ясную Поляну графиню и поэтому существовала вероятность, что и сам граф отправится туда на днях. Для прояснения ситуации господин Буланже послал из Серпухова телеграмму графине, спрашивая ее, где будет находиться Толстой в пятницу. Ответ должен был прийти на

20 *Леонид Пастернак. Автопортрет (Карандашный рисунок. После 1925. Музей Ашмолеан, Оксфорд)* – Leonid Pasternak. Selbstportrait (Bleistiftzeichnung. Nach 1925. Ashmolean Museum Oxford)

die benachbarte Gouvernementshauptstadt Tula zurückgekehrt, in dem schon erwähnten Brief an die »liebe *Sofija Nikolaevna*«, der Moskauer Freundin und Förderin einen ausführlichen Bericht:

»[...] Moskau, so lieb es uns ist, verblich neben der Erwartung des vielen Bevorstehenden. Wir ahnten gar nicht, wie nahe unsere liebste Erfüllung uns war. Im Zuge fanden wir Prof. *Pasternak'*, der nach Odessa reiste, und als wir dem von unserer Unentschiedenheit sprachen, ob wir versuchen sollten, *Tolstoj* doch jetzt zu sehen, teilte er uns mit, es müsse sich im Zuge ein guter Bekannter des Hauses Tolstoj befinden, ein Herr *Bulansche* [Boulanger], welcher von dem jeweiligen Aufenthalt des Grafen unterrichtet sein müsse. Herr *Bulansche* war es auch wirklich, der uns mit der größten Liebenswürdigkeit raten wollte. Wir entschlossen uns, in Tula zu bleiben und am nächsten Morgen bis *Lazarevo* zu fahren und von dort mit Wagen auf das Gut der Obolenskijs nach *Pirogovo*, wo der Graf sich, wie Herr *Bulansche* meinte, aller Wahrscheinlichkeit nach noch aufhalten mußte. Herr *Bulansche* hatte vor 2 Tagen die Gräfin nach Jasnaja begleitet, und so lag allerdings die Möglichkeit nahe, er könnte dieser Tage nach Jasnaja reiten. Deshalb gab Herr *Bulansche* von *Serpuchov'* aus ein Telegramm auf an die Gräfin mit der Anfrage, wo der Graf sich am Freitag befände. Die Antwort sollte telegrafisch an unser Hotel in Tula kommen. Wir erwarteten sie umsonst und fuhren, wie es besprochen war, gestern früh vollkommen unberaten nach *Lazarevo*. Dort fanden sich ein Stationsdiener, der uns mitteilte, der Graf hätte gestern *Tatjana L'vovna* [Lieblingstochter Tolstojs] zur Bahn begleitet und sei dann mit Gepäck nach Koslowska abgereist. Nun handelte es sich für uns darum, so rasch als möglich (mit einem Warenzuge) nach einem Ort zu kommen, von wo aus *Jasnaja* zu erreichen war. Wir fuhren zurück bis Jasinki, mie-

21 *Леонид Пастернак: Борис Пастернак – студент (Собрание Лидии Пастернак-Слатер, Оксфорд)* – Leonid Pasternak: Boris Pasternak als Student. Aus der Sammlung von Lydia Pasternak-Slater, Oxford)

адрес нашей гостиницы в Туле. Однако ожидания были напрасны и мы, на свой страх и риск, вчера рано утром выехали в Лазарево. Там станционный смотритель сообщил нам, что вчера граф провожал на вокзале Татьяну Львовну (любимая дочь Толстого), а затем с багажем должен был отправиться в Козловку. Нам ничего не оставалось, как на товарном составе срочно выехать в этом направлении и оттуда добираться до Ясной Поляны. Мы вернулись в Ясинки и наняли там лошадей, которые под неровный звон колокольчиков понесли нас вперед по обочине холма, где, подобно сбившемуся стаду, печально теснились бедные избы. Пейзаж оживляли лишь кучки собравшихся вместе женщин и детей. Они яркими пятнами выделялись на фоне серого фона дороги, серых стен и крыш. Затем, среди примятой травы, стала проглядывать идущая вниз улица. Ее унылый мшистый колорит постепенно сменился пышной

22 *Деревня Ясная Поляна. 1892. Фото ателье »Шерер, Набгольц и К« (Государственный музей Л. Н. Толстого. Москва)* – Das Dorf Jasnaja Poljana. 1892 Photographie von Scherer et Nabholz, Moskau (Staatliches Tolstoj-Museum, Moskau)

23 *Общий вид усадьбы Ясная Поляна (со стороны деревни). 1908. Фото К.К.Буллы (Государственный музей Л.Н.Толстого. Москва)* – Blick auf das Gutshaus Jasnaja Poljana vom Dorf aus. 1908. Photographie von K.Bulla (Staatliches Tolstoj-Museum, Moskau)

teten dort einen Wagen und jagten mit atemlosen Glocken bis an den Rand des Hügels heran, auf welchem die armen Hütten von Jasnaja stehen, zu einem Dorf zusammengetrieben, aber doch ohne Zusammenhang, wie eine Herde, die traurig auf abgebrauchtem Weideland herumstehen. Gruppen von Weibern und Kindern sind nur rote, sonnige Flecken in dem gleichen Grau, das über Boden, Dächern und Mauern liegt, wie eine sehr üppige Moosart, die seit Jahrhunderten ungestört alles überwächst. Dann senkt sich die kaum erkennbare, ewig unter leeren Plätzen hinfließende Straße, und ihr grauer Streifen gleitet sanft in ein grünes, von Wipfeln schäumendes Tal, in welchem links zwei runde, mit grünen Kuppeln überdeckte Türmchen den Eingang des alten, verwilderten Parkes bezeichnen, in dem verheimlicht das einfache Haus von Jasnaja Poljana liegt. Vor diesem Tore stiegen wir ab und gehen leise, wie Pilger, die stille Waldstraße hinauf, bis das Haus immer weißer und länger hervortritt. Ein Diener bringt unsere Karten hinein. Und in einer Weile sehen wir hinter der Tür, im dämmerigen Vorraum des Hauses, die Gestalt des Grafen. Der älteste Sohn

24 *Крестьянские ребята на деревенской улице. Ясная Поляна. 1908.* Фото В. Г. Черткова (Государственный музей Л. Н. Толстого. Москва) – Bauernkinder auf der Straße in Jasnaja Poljana. 1908. Photographie von W. G. Tschertkow (Staatliches Tolstoj-Museum, Moskau)

растительностью долины, где слева виднелись два круглых, выкрашенных зеленой краской купола, обозначавшие вход в старый заросший парк, в тиши которого укромно размещался господский дом. У ворот мы спешились и смиренно, подобно пилигримам, побрели по просеке к дому, казавшемуся все белее и больше по размеру. Слуга взял наши визитные карточки и несколько мгновений спустя в сумрачной прихожей показался граф. Старший сын писателя открыл стеклянную дверь, и мы предстали в сенях пред седовласым человеком, пред которым каждый, даже не желающий того, чувствовал себя по-сыновьи. Он будто бы стал меньше ростом и еще больше поседел. Но его глаза, казалось, жили отдельно от седой головы: они пытливо изучали пришельцев и тайно, по-своему, благословляли их. Граф узнал госпожу Лу и сердечно ее приветствовал. Извинившись, он пообещал встретиться с нами в два часа. Теперь, когда все свершилось, мы спокойно остались в зале в обществе сына писателя, с которым затем совершили прогулку по парку и к условленному времени возвратились назад. В передней графиня

25 *Л. Н. Толстой на прогулке (идет вдоль вспаханного поля). Деревня Ясная Поляна. 1908. Фото В. Г. Черткова (Государственный музей Л. Н. Толстого. Москва)* – Leo Tolstoj unterwegs im Ackerland. Im Hintergrund das Dorf. 1908. Photographie von W. G. Tschertkow (Staatliches Tolstoj-Museum, Moskau)

öffnet die Glastür, und wir stehen im Flur dem Grafen gegenüber, dem greisen Manne, zu dem man immer wie ein Sohn kommt, selbst wenn man nicht unter der Gewalt seiner Väterlichkeit bleiben will. Er scheint kleiner geworden, gebeugter, weißer, und wie unabhängig von dem greisen Körper erwartet das schattenlose klare Auge die Fremdlinge und prüft sie mit Absicht und segnet sie unwillkürlich mit irgendeinem unsagbaren Segen. Der Graf erkennt Frau Lou gleich und begrüßt sie sehr herzlich. Er entschuldigt sich und verspricht uns, von 2 Uhr ab mit uns zu sein. Wir haben es erreicht, und beruhigt bleiben wir im großen Saal in Gesellschaft des Sohnes zurück, mit ihm durchstreifen wir den weiten wilden Park und kehren nach 2 Stunden in das Haus zurück. Dort, im Vorraum, ist die Gräfin mit dem Einräumen von Büchern beschäftigt. Ungern, befremdet und ungastlich wendet sie sich einen Augenblick zu uns und erklärt kurz, der Graf sei unwohl … Nun ist es ein Glück, daß wir sagen dürfen: Wir haben ihn schon gesehen. Das entwaffnet die Gräfin einigermaßen. Sie tritt aber nicht mit uns ein, wirft im Vorraum die Bücher umher und ruft irgend jemandem mit böser Stimme zu. »Eben erst sind wir eingezogen! …« Dann,

наводила порядок в книгах. Бросив на нас недружелюбный взгляд из-за плеча, она тут же поторопилась объяснить, что граф нездоров … Какое счастье, что мы смогли ей ответить, что уже виделись с ним. Это слегка обезоружило графиню, но она, однако, не последовала за нами вглубь дома, а осталась в передней и оттуда, накидав вокруг себя книги, сердито прокричала что-то наверх. И пояснила нам: »Мы как раз въезжаем!«. Затем, пока мы ждали в маленькой комнате, вошла еще одна молодая дама, послышались голоса, звуки рыданий и примирительные речи старого графа, который вошел к нам, несколько рассеянно и разраженно задал несколько вопросов и исчез снова. Можно было легко предположить, что мы появились совсем не вовремя. Однако вскоре граф появился вновь, внимательный и радушный. Только подумайте, Софья Николаевна, он предложил нам прогуляться по парку. Вместо сидения со всеми за столом, чего мы втайне опасались или, по крайней мере, что могли предположить, он дал нам возможность побыть с ним наедине, да еще в таком прекрасном месте, как раз там, где проходили его тяжкие размышления о жизни. Оказалось, что уже в течении двух дней он болеет и не участвует в общем застолье, почти не ест, пьет лишь кофе с молоком. Поэтому на это время он вполне смог отлучиться от семьи, сделав тем самым нам неоценимый подарок. Мы медленно двигались по тесно заросшей тропинке, оживленно беседуя и всякий раз ощущая на себе идущее от него удивительное душевное тепло и волнение. Он говорил по-русски, и тогда, когда ветер не относил его слова, я мог разобрать каждый слог. Левую руку он держал под шерстяным жакетом за поясом, правой тяжело опирался на палку. Время от времени он резко сгибался, как будто хотел услышать запах цветка, выросшего на его пути, или срывал травинку. Насладившись их ароматом, он разжимал сухую ладонь и они падали, теряясь в торжестве весеннего цветения. Разговор касался множества тем. При этом, говоря о внешних проявлениях вещей, мы неизменно переходили к их сущностям. Ибо подлинный смысл предмета – не в яркости его оболочки, а в том темном и потаенном, что она скрывает. И всякий раз, когда беседа обнаруживала несходство наших представлений о чем-либо, мы явственно ощущали присутствие общего для нас понимания порядка вещей.

Такой была наша дорога, и она была прекрасна. Иногда ветер преображал облик графа, лохматил длинную бороду, но это не отражалось на выражении его отмеченного печатью одиночества лица, сохранявшего, казалось, серьезность и спокойствие вопреки всем жизненным бурям.

26 *Л. Н. и С. А. Толстые в кабинете яснополянского дома. Фото ателье »Шерер, Набгольц и К« (Государственный музей Л. Н. Толстого. Москва)* – Tolstoj und seine Frau in seinem Arbeitszimmer. Photographie von Scherer et Nabholz, Moskau (Staatliches Tolstoj-Museum, Moskau)

während wir in dem kleinen Zimmer warten, kommt noch eine junge Dame an, man hört Stimmen, ein heftiges Weinen, beschwichtigende Worte des alten Grafen, der bei uns eintritt, zerstreut und erregt einige Fragen stellt und uns wieder verläßt. Sie können sich denken, daß wir in viel Angst, zu unrechter Stunde gekommen zu sein, in dem kleinen Zimmer zurückbleiben. Aber in einer Weile tritt der Graf wieder ein, diesmal vollkommen uns zugewandt, aufmerksam, uns mit seinen großen Blicken umspannend. Denken sie, *Sofija Nikolajevna* – er schlägt uns einen Gang durch den Park vor. Statt des gemeinsamen Essens, das wir gefürchtet und bestenfalls erhofft hatten, gibt er uns die Möglichkeit, mit ihm allein zu sein in der schönen Landschaft, durch die er die schweren Gedanken seines großen Lebens trug. Er nimmt an den Mahlzeiten nicht teil, weil er, seit zwei Tagen wieder leidend, fast nichts als Milchkaffee nimmt, und so ist dieses die Stunde, die er den anderen leicht entziehen kann, um sie uns wie ein unerwartetes Geschenk in die Hände zu legen. Wir gehen langsam die engumwachsenen langen Wege entlang in reichem Gespräch, das, wie damals, vom Grafen Wärme und Bewegung empfängt. Er spricht russisch, und wo der Wind mir nicht die Worte verdeckt, verstehe ich jede Silbe. Er hat die linke Hand unter seiner Wolljacke in den Gürtel geschoben, die rechte ruht auf der Krücke des Stockes, ohne sich schwer aufzustützen, und er bückt sich von Zeit zu Zeit, um mit einer Bewegung, als wollte er eine Blume mit dem um sie stehenden Duft einfangen, ein Kraut zu pflücken, aus der hohlen Hand trinkt er das Arom und läßt dann im Sprechen die leere Blume achtlos fallen in den vielen Überfluß des wilden Frühlings, der dadurch nicht ärmer geworden ist. – Das Gespräch geht über viele Dinge. Aber alle Worte gehen nicht *vorn* an ihnen vorüber, an den Äußerlichkeiten, sie drängen sich hinter den Dingen im Dunkel durch. Und der tiefe Wert von jedem ist nicht seine Farbe im Licht, sondern das Gefühl, daß es aus den Dunkelheiten und Geheimnissen kommt, aus denen wir alle leben. Und jedesmal wenn in dem Klang des Gesprächs das Nichtgemeinsame bemerkbar wurde, ging irgendwo ein Ausblick auf auf helle Hintergründe tiefer Einigkeit.

Und so war der Weg ein guter Weg. Manchmal im Wind wuchs die Gestalt des Grafen; der große Bart wehte, aber das ernste, von der Einsamkeit gezeichnete Gesicht blieb ruhig, wie unberührt vom Sturm.

Gleich nachdem wir das Haus betraten, nahmen wir Abschied vom Grafen in dem Gefühl kindlichen Dankes und reich von Geschenken seines Wesens.

27 *На соседней странице: Л. Н. Толстой идет по аллее »Прешпект«. Ясная Поляна. Фото А. Л. Толстой (Государственный музей Л. Н. Толстого. Москва)* – Auf der gegenüberliegenden Seite: Tolstoj unterwegs im sogenannten »Prospekt«. Photographie von A. L. Tolstoj (Staatliches Tolstoj-Museum, Moskau)

Подойдя к дому, мы сразу простились с графом, испытывая ощущение детской благодарности и переполняемые впечатлениями от встречи с ним. Больше мы были не в силах общаться с кем-либо в этот день. Идя пешком до Козловки, мы обозревали и наслаждались тульской землей, где богатство соседствовало с поразительной нищетой, но не в роли антиподов, а в какой-то удивительно дополняющей друг друга цельности жизни, простиравшейся вокруг и беззаботно ликовавшей. «

А как представлялся этот »знаменательный день«, сразу описанный молодым Рильке в письме к матери (от 2 июня), его более опытной и умудренной спутнице? В период их совместного путешествия писательница вела дневник, изданный недавно под названием ›Россия с Райнером‹ (Marbach 1999). Вот, что там говорится о визите в Ясную Поляну:

»19 мая (по старому стилю) мы были в Ясной Поляне. С утра серое небо постепенно прояснилось, а затем, далеко за полдень, стал накрапывать мелкий дождик. Вокруг простирался изумительный по своей кротости и русскости пейзаж. Холмистая равнина, широкие луга, на которых во множестве раскрывались ландыши и голубели незабудки. Сквозь белоснежные стволы берез, разбросанных тут и там, кое-где чернели старые дубы в ореоле нежной ранней листвы. В парке Ясной Поляны зазеленели столетние березы старинной аллеи, даже те, что почти уже высохли. Березы оживают первыми из всех деревьев, объяснил старший сын Толстого (на полях: Лев Львович), когда он в первый раз вел нас по парку. Совершая потом прогулку с Толстым, мы уже не обращали внимание на окружающее, а только следили за тем, как он воспринимает природу. Время от времени Толстой нагибался и движением щуплой ладони накрывал цветок – то желтое соцветие, то незабудку. Это было похоже на ловлю бабочки – он близко подносил стебелек к лицу, поглощая его аромат, а затем, ненужный, – ронял на землю. Но уже в самом начале, когда мы только увидели его через стеклянную дверь прихожей, частично скрытого за смешным бруствером из игрушек – куколок, курочек и лошадок – мы ощутили потрясающую трогательность его облика, как будто это был пришелец с небес. Какое обаяние исходит от этого аскетичного человека в желтой вязаной фуфайке, с высокой шапкой седых волос, с такими ясными глазами на бледном одухотворенном лице! Глаза – это то, что привлекает в нем прежде всего и более всего! По своему облику он напоминает доброго волшебника, этакого чародея. Во время нашей прогулки были такие моменты, когда боковые порывы ветра были особенно сильны – и тогда его образ

Wir mochten niemanden anderen mehr sehen an diesem Tage. Wir genossen und verstanden, da wir zu Fuß zurück nach Koslowska gingen, das Land von *Tula*, in dem Reichtum und Armut nebeneinander sind nicht wie Gegensätze, sondern wie verschiedene sehr schwesterliche Worte für ein und dasselbe Leben, das sich in hundert Formen jubelnd und sorglos erfüllt.«

Wie stellte sich nun aber dieser »sehr bedeutende Tag« – so bezeichnete ihn Rilke in einem Brief an seine Mutter vom gleichen 2. Juni – in der Sicht der durch ihre Sprachkennntnis und ihr reiferes Alter ja bevorzugten Begleiterin des jungen Dichters dar? Die deutsch-russische Schriftstellerin führte während dieser mehrmonatigen Reise ein Tagebuch, dem sie den Titel ›Rußland mit Rainer‹ gegeben hatte; es wurde erst jüngst veröffentlicht (Marbach 1999). Den gemeinsamen Besuch in Jasnaja Poljana beschreibt sie darin, einige Tage später niedergeschrieben, auf folgende Weise:

»Am 19ten russischen Mai waren wir in *Jasnaja Poljana.* Früh ein grauer Himmel, der langsam strahlend wurde, tagsüber wechselte und am spätern Nachmittag leisen Regen entließ. Darüber lag die Landschaft wundervoll sanft und russisch mit ihrer stark gewellten Ebene, weiten Wiesen auf denen Mengen von Maiglöckchen sich eben aus den Knospen öffneten, und die blau waren von ganz großäugigen tausendfältigen Vergißmeinnicht. Schneeweiß manche Stämme der Birken, die überall vorwiegen, dazwischen sehr alte Eichen im zarten ersten Laubgrün. Im Park von *Jasnaja Poljana* beginnt die große Birkenallee von hundertjährigen Bäumen sich zu lichten, auch die Birken sterben endlich, und sie am frühesten von allen Bäumen, sagte Tolstoi's ältester Sohn [am Rande: *Lev' L'vovič*], als er uns zuerst durch den Garten geleitete. Dann als wir mit Tolstoi selbst den Gang zum zweiten Mal thaten, sahen wir nicht mehr um uns, sondern auf ihn, und wie er diese Landschaft aufnahm, wie er von Zeit zu Zeit sich bückte und Blumen [p]fückte, erst gelbe Flocken, dann Vergißmeinnicht, mit einer raschen Bewegung der hohl gewölbten Hand, wie mit der Sichel, oder wie man einen Schmetterling überlistet, – als wolle er vom verwundeten Stengel den Duftstrom mit erhaschen; und dann roch er intensiv davon, die Blümchen dicht am Gesicht, er verbrauchte sie gleichsam und ließ sie dann zu Boden gleiten. Von allem Anfang an, – schon als er hinter der Glasthür des Vorzimmers erschien und wir eben erst durch den Vorbau mit der lustigen Brüstung aus der Puppen, Hähne und Pferde herausgeschnitzt sind, ein[ge]treten waren, – machte er diesmal einen so seltsam vergeistigten, einen rührend erschütternden Eindruck, wie Einer, der nicht mehr der Erde angehört. Die gebeugte schmale Gestalt in der gelben gestrickten Westenjacke, unter einer hohen Mütze das weiße Haar abstehend, und die Augen so klar im elenden, beseelten Gesicht, klar und

28 *Л. Н. Толстой. Ясная Поляна. Фото С. А. Толстой (Государственный музей Л. Н. Толстого. Москва)* – Tolstoj in Jasnaja Poljana. Photographie von Sofia Tolstaja (Staatliches Tolstoj-Museum, Moskau)

принимал свои истинные очертания: силы природы будто бы открывали в нем дополнительный источник сверхъестественной внутренней стойкости. А в доме – он выглядел совершенно одиноким и абсолютно чужим тому, что его окружало. В длинной столовой с родовыми портретами по стенам и двумя его бюстами (Трубецкого и Репина) по углам он, казалось, никогда не имел своего места за общим столом (дописано на полях: даже тогда, когда не постился кашей, а ел с нами жаркое). Наш разговор, честно говоря, был осмыслен мной лишь постепенно, как будто сказанное снисходило на меня сверху. Всячески стараясь не нарушить привычный ему уклад жизни и не вторгнуться в семейный круг, мы проделали долгий путь в окрестностях Ясной Поляны, в Козловке-Ясенке и сегодня опять провели здесь полдня. За общий стол не хотелось.

wie über allem, hinter allem. Wie ein verzaubertes Bäuerlein, ein Zauberwesen, sah er aus. Während unseres Ganges, in Augenblicken wo der Wind ihn heftig von der Seite angriff, schien diese Gestalt ihren richtigen Rahmen zu finden, – ein Verwehtes, hülflos vom Sturm Erfaßtes lag dann über ihr, und dabei die Kraft, den Stürmen durch ein geheimnisvolles Höheres zu trotzen. Im Hause steht er da wie ein Einsamer, – wie ein ganz und tief Vereinsamter inmitten einer fremden, *ganz* fremden Welt, und auch im großen langen Speisesaal mit den Ahnenbildern und zwei seiner Büsten (Trubetzkoi & Rjepin) in den Ecken, saß er wohl nie wie ein zur Tafel Gehöriger an seinem Platz – [Eintragung am Blattrand: und nicht nur, weil er Grütze aß, statt mit uns Braten.] Was er sprach, kann ich erst allmählich, wie es mir heraufsteigt, aufzeichnen. Wir legten um das durch ihn erlebte Bild so viel Ruhe wie wir nur vermochten, blieben nicht im Familienkreis, streiften lange Stunden bei *Jasnaja Poljana* umher, in Koslowska-*Jasenka*, und feiern heute hier noch einen halben Tag, ehe wir reisen, – auf dem Tisch die dort ge[p]flückten Vergißmeinnicht.«

Rilke hatte erstmals im April 1898, auf seiner Reise in die Toskana, begonnen, *Tagebuch* zu führen; auf Anregung von Lou Andreas-Salomé und, der Intention nach, auch an sie gerichtet. Dieses ›Florenzer Tagebuch‹ – in weiten Teilen eine Apotheose von Kunst und Künstlertum – setzte er dann, nach Berlin zurückgekehrt, kurz, seit dem Spätherbst 1899 dann aber ausführlich als ›Schmargendorfer Tagebuch‹ fort. Während der langen Reise durch Rußland jedoch verstummte der Tagebuchschreiber. Erst in Worpswede, wohin er nach Abschluß der Reise einer Einladung des Malers Heinrich Vogeler folgte, nahm er sich, zur Ruhe gekommen, sein Diarium wieder vor. Schon in der ersten Eintragung vom 1. September 1900 findet sich eine Art Fazit, das allerdings mit der Klage über versäumte dichterische Möglichkeiten einsetzt:

»Ich habe sie nicht gebraucht, wie so viele auf dieser Fahrt. Unzählige Gedichte hab ich nicht erhört. Ich habe einen Frühling überschlagen; was Wunder, wenn nun kein rechter Sommer ist. [...]

Aber *dies* ist nicht die Summe der Reise. Das Unerhörte ist dennoch in mir. Ich habe ja alles doch erlebt, ich habe doch sicher mehr als geträumt. Wenn es mir doch irgendwie wiederkäme.«

Und es kam ihm wieder. Am 15. September 1900, in der dritten Woche seines Aufenthaltes bei den Künstlern in Worpswede, erreicht ihn von Lou Andreas-Salomé aus Berlin die Nachricht, daß Tolstoj in Jasnaja Poljana sehr schwer erkrankt sei. Noch am selben Tag schreibt der Gast Heinrich Vogelers in dessen »Barkenhoff«, auf den Worpsweder Seiten seines ›Schmargendorfer Tagebuchs‹, die folgende Erinnerung nieder:

Рильке, побуждаемый Лу Андреас-Саломе и следуя собственному желанию, впервые начал делать дневниковые записи в апреле 1898 года в период путешествия в Тоскану. Этот ›Флорентийский дневник‹, являвшийся в отдельных местах истинным апофеозом искусству и творчеству, он продолжил затем в краткой форме, но достаточно детально в Берлине с осени 1899 года под заголовком ›Шмаргендорфский дневник‹. Во время путешествия в Россию автор, однако, замолчал: настолько значительными и глубокими оказались впечатления, события, встречи. Только уже по окончании поездки, получив приглашение от художника Генриха Фогелера посетить его в Ворпсведе [в Ворпсведе существовала в то время колония художников-авангардистов. – Прим. переводчика], он снова взялся за свой дневник. Уже в первой записи от 1 сентября 1900 года подводится своеобразный итог или, во всяком случае, звучит своего рода сожаление об упущенных возможностях:

»Никогда со мной не было ничего такого, как в этой поездке. Стихи так и не были написаны. Весна прошла стороной, как ни удивительно, и лето тоже (...)

Но не это является подлинным итогом путешествия. Самое непонятное заключено во мне самом. Я много всего перечувствовал, значительно больше, чем мог мечтать. Повторится ли такое когда-нибудь в моей жизни? «

И такое повторилось. 15 сентября 1900 года, на третьей неделе своего пребывания в Ворпсведе, он получил из Берлина от Лу Андреас-Саломе известие, что Толстой тяжело заболел в Ясной Поляне. В тот же день гость Генриха Фогелера на страницах своего ›Шмаргендорфского дневника‹ сделал следующую запись:

»Ты мне пишешь: ›Толстой тяжело болен в Ясной Поляне.‹ Быть может, мы с ним простились тогда навсегда. Как ясно я вижу каждый миг тех дней! Какая радость жила во мне, когда мы ехали с колокольцами по холмистым лугам, впервые наслаждаясь прелестью русской природы! Так, верно, ездили Гоголь и Пушкин, галопом, с гремящей сбруей. И там, в этой жалкой деревеньке, я жадно старался заглянуть в каждую дверь. А потом мы выехали на дорогу, ведущую к двум белым башенкам, образующим въезд в верхний парк. Наша дорога в его тенистой зелени была окутана негой; мы слегка робели, даже мечтая отложить встречу со старцем. Но вот перед нами белый дом, изнутри которого веет тишиной и покоем. Подходим к зеленой круглой скамье и у колодца, наконец, встречаем человека, которому отдаем свои визитные карточки. И снова

29 *Л. Н. Толстой верхом в окрестностях Ясной Поляны. 1908. Фото К. К. Буллы (Государственный музей Л. Н. Толстого. Москва)* – Tolstoj auf dem Rücken seines Pferdes in der Umgebung von Jasnaja Poljana. 1908. Photographie von K. Bulla (Staatliches Tolstoj-Museum, Moskau)

»Du schreibst mir eben: ›Tolstoi ist in Jasnaja Poljana sehr schwer erkrankt.‹ Vielleicht haben wir doch Abschied genommen von ihm. Wie genau seh ich jeden Augenblick dieses Tages vor mir! Welche Froheit war in mir, als wir mit zitternden Glocken durch die welligen Wiesen fuhren, zum ersten Mal in der russischen Landschaft reisend, ganz so wie Gogol und Puschkin gereist sind, laut mit läutenden Geschirren und galoppierenden Pferden. Und so in das aufgeschreckte Dorf hinein, das voll Augen war in all seinen armseligen Türen. Und so aus dem Dorf hinaus und die Straße hinab und vor die beiden weißen Tortürme, die den Eingang in den hohen Park bezeichnen. Unser Weg in seine Schatten ist leise; wir sind bang, bedrückt von dem Bevorstehenden, und wünschen uns, diesen Park zu haben und diesen Tag ohne den Greis, zu dem alles dies hinführt. Und dann stehen wir vor dem weißen Haus, darin alles still ist, kommen an der grünen runden Bank vorbei und finden endlich im Hof am Brunnen jemanden, der uns die Karten abnimmt. Und warten wieder. Und ein Hund kommt vertraut und freundlich dicht an uns heran, wie wir so vor der

ждем. Подбежавшая собака заливается вполне дружелюбным лаем. И вот в мутном стекле маленькой двери мелькает маленькое стариковское лицо с пытливыми глазами. Дверь отворяется, пропуская тебя внутрь и резко захлопываясь передо мной. Я, наконец, тоже предстаю перед ним, трепеща от созерцания его скромного светлого облика.

Он оставляет нас с Львом Львовичем (старший сын графа) и снова удаляется в свою рабочую комнату. Потом я следую позади тебя по деревянной лестнице в чрезвычайно светлую залу, где темными пятнами на стенах выступают старые холсты. Длинный узкий стол с белой скатертью, на дальнем конце – большой серебряный самовар. Мы садимся, чувствуя себя потерянными в этом обширном помещении, три окна которого отражают пышную зелень массивных деревьев. Мы расспрашиваем о картинах, особенно о старых. На одной изображена монахиня времен Алексея Михайловича (второй русский царь династии Романовых, 1629–1676). Очевидно, полотно было выполнено каким-то иконописцем по образу святой Софии, в явно условной манере. На

30 *Нижняя библиотека в яснополянском доме. 1897. Фото М. А. Стаховича (Государственный музей Л. Н. Толстого. Москва)* – Die Bibliothek im Erdgeschoss des Wohnhauses mit der Treppe zu den Wohnräumen. 1897. Photographie von M. Stachowitsch (Staatliches Tolstoj-Museum, Moskau)

31 *Дом Л. Н. Толстого в Ясной Поляне. Вид с площадки верхнего этажа на библиотечную комнату и секретарскую. 1910 (?). Любительская фотография (Государственный музей Л. Н. Толстого. Москва)* – Wohnhaus von L. N. Tolstoj in Jasnaja Poljana. Durchblick vom Treppenaufsatz ins obere Bibliotheks- und Sekretariatszimmer. 1910 (?). Amateurphotographie (Staatliches Tolstoj-Museum, Moskau)

kleinen Glastüre stehen. Ich bücke mich zu dem weißen Hund, und wie ich mich wieder erhebe, sehe ich hinter dem Glas, ungewiß und entstellt von den kleinen Fehlern der Scheibe, suchende Augen in einem kleinen greisen Gesicht. Die Tür geht auf, läßt Dich herein und schlägt heftig gegen mich, so daß ich, erst als Dich der Graf schon begrüßt hat, hinzukomme und nun auch vor ihm bin, etwas zu groß für mein Gefühl neben seiner schmalen hellen Gestalt.

Er läßt uns mit Lew Lwowitsch [d.i. der älteste Sohn des Grafen] allein und zieht sich nach diesem Empfang wieder in seine Arbeitsstube zurück. Dann gehe ich hinter euch die Holztreppe hinauf und trete in den überaus hellen Saal ein, in welchem die alten Ölbilder allein dunkel sind. Der Tisch ist lang, schmal, weiß gedeckt, und ein silberweißer großer Samowar steht am oberen Ende. Wir setzen uns. Wenig nur ist in dem großen Saal, der mit drei Fenstern Reflexe aus dem vollen Grün mächtiger Bäume empfängt. Wir fragen nach den Ahnenbildern. Besonders interessant ist das älteste. Eine Nonne aus der Zeit des Alexei

32/33 *Большой зал в яснополянском доме. 1908. Фото К. К. Буллы (Государственный музей Л. Н. Толстого. Москва)* – Der große Saal in Jasnaja Poljana. 1908. Photographie von K. Bulla (Staatliches Tolstoj-Museum, Moskau)

34/35 *Малая гостиная в яснополянском доме. 1908. Фото К. К. Буллы (Государственный музей Л. Н. Толстого. Москва)* – Salon und Herrenzimmer in Jasnaja Poljana. 1908. Photographie von K. Bulla (Staatliches Tolstoj-Museum, Moskau)

полотне, прежде всего, обращают внимание руки: художник изобразил их весьма реалистически, выписав каждую деталь, в то время как глаза, хоть и большие, оказались маловыразительны. Казалось, вся святость в портрете исходит от этих больших человеческих рук, которыми возносится ввысь молитва. Там была, как мне кажется, еще одна замечательная картина: дворянин в пудреном парике конца восемнадцатого века. Его платье и фон полотна сильно потемнели, выделялось лишь лицо с дугами бровей и характерным для того времени чувственным ртом. Облупившаяся овальная посеребреная рама старого дерева – практически без каких-либо украшений. Как замечательно выглядел этот портрет на светлой стене длинного зала. Там были и современные вещи: пластические работы Гинзбурга и бюст Толстого, исполненный князем Трубецким. Мы мало говорили, пили кофе и часто поглядывали в окно, где рядом странно-странно, с сильным звуком »Р-р-р«, трещала какая-то птица. Заинтригованные, мы в конце концов вышли в парк. Там все было в цвету. Тенистая аллея старых берез вела к беседке, заскрипевшей у нас под ногами. Благолепно взирали мы на эту землю, покойную и изобильную, тонущую в волнах покрытых незабудками лугов. Вдалеке послышались звуки поезда, казавшегося на таком расстоянии игрушечным. Мы долго шли мимо цветов и скрюченных старых стволов, возвращаясь обратно к дому. В сенях графиня возилась с книгами, расставляя их в застекленный шкаф. Нам пришлось испытать ее холодное приветствие и неудовольствие, выразившееся в обращенном к кому-то невидимому раздраженном крике. В маленькой комнате с ореховой мебелью мы полчаса робко занимали себя рассматриваньем книг и поиском в них разных портретов. Наконец послышались шаги графа, и он вошел в сени. Там что-то происходило: громкие голоса, плач девушки и примиряющие речи графа, выступающего, должно быть, в качестве посредника от имени своей жены… Скрип лестницы, хлопанье распахиваемых дверей и, наконец, он появляется перед нами. Учтиво, но холодно задает Тебе несколько вопросов. У него отсутствующие глаза и, встретив мой взгляд, он спрашивает: ›Чем вы тут занимаетесь?‹ Не найдя ничего лучшего, я ответил: ›Кое-что писал …‹. «

Здесь запись обрывается – как раз в тот самый момент, когда должна последовать »Прогулка в парке«, ставшая в описании Лу Андреас-Саломе кульминацией ее повествования о встрече с Толстым. Возможно, в начале октября у Рильке состоялся важный разговор с юной скульпторшей Кларой Вестхоф, на которой ему предстояло жениться в 1901 году.

Michailowitsch [d. i. der zweite russische Zar aus dem Hause Romanow, 1629–1676]. Offenbar von einem Ikonopisez [d.i. Ikonenmaler] gemalt, trägt sie ganz den Charakter der heiligen Sophia in Haltung, Gewand und in dem stark konventionellen Ausdruck des Gesichtes. Erst bei den Händen erwachte in dem Handwerker der Maler, der schauende, und er malte diese genau, mit realistischer Aufmerksamkeit seinem Vorbild ab; so verlor er die allgemeinen Maße aus dem Auge, malte sie entsprechend größer, und nun trägt diese Heilige schwer an ihren irdischen Händen, mit denen sie ein sehr großes Gebet muß heben können. O, und dann war noch so ein feines ›Porträt‹ da, weiß ich. Ein gepuderter Edelmann aus dem Ende des achtzehnten Jahrhunderts, ganz verdunkelt Kleid und Hintergrund um das Gesicht mit den dunkeln Augenbrauen und dem geistreichen Mund dieser gesprächigen Zeit. Der Rahmen, von altem, abgeblaßtem, versilbertem Holz, oval und fast schmucklos. Ganz eigentümlich schön war dieses Bild auf der hellen und heiteren Wand des langen Saals. Auch moderne Arbeiten standen da: eine Plastik von Ginsburg und der Tolstoi des Prinzen Trubezkoi. Wir sprachen wenig, tranken Kaffee und schauten oft in den strahlenden Tag hinaus, in dem ein Vogel seltsam seltsam nah schnarrte und knarr-knarr mit heftigen R rief. Wir unterhielten uns über diesen Vogel und giengen ihm schließlich nach in den Park. Viel blühte da. Schön und schattig war die Allee aus sehr alten Birken, an deren Ende ein Altan stand, der stark unter unseren Schritten schwankte. Wir schauten mit Liebe das Land, das ruhig und reif mit seinen Vergißmeinnicht-Wiesen wie mit Wellen sich bewegte. Fern ging die Bahn vorbei, viel zu fern dem Ohr, und dem Auge nur ein Spielzeug. Wir kamen dann langsam den Weg zurück mit Blumen und nach vielen Bäumen fragend, welche alt und ansehnlich waren. Von rückwärts traten wir wieder an das Haus heran. Im Flur war die Gräfin mit dem Einräumen von Büchern in einen Fensterschrank beschäftigt, und wir mußten uns ihre befremdete Begrüßung und allen Unwillen gefallen lassen, den sie laut gegen irgendeinen Unsichtbaren äußerte. Das war in dem kleinen Zimmer mit Nußbaummöbeln eine bange halbe Stunde. Wir sahen auf Bücher, die hinter Glas und auf Schränken lagen, versuchten verschiedene Porträts zu sehen, horchten aber doch nur auf den Schritt des Grafen, der im Flur erschien. Es war irgend etwas geschehen: Stimmen erregten sich, ein Mädchen weinte, der Graf tröstete, dazwischen vollkommen teilnahmslos das Organ der Gräfin … Schritte auf den Treppen, alle Türen in Bewegung, und da tritt der Graf herein. Kalt und höflich fragt er Dich irgend etwas, sein Auge ist nicht bei uns, nur sein Blick kommt zu mir und die Frage: ›Womit beschäftigen Sie sich?‹ Ich weiß nicht mehr, ich antwortete, scheint mir: ›Ich habe einiges geschrieben …‹.«

Во всяком случае, в записях от 3 октября отсутствует что-либо по данной теме, за исключением размышлений о толстовском восприятии смерти:

»Потом, когда мы сидели в комнате, я рассказывал о Толстом, впервые после нашей поездки в Ясную Поляну, рассказывал во всех подробностях, которые становились мне понятны только сейчас. Я говорил, в частности, о страхе смерти, о первом испуге, связанном с ощущением смерти, который с течением жизни только всемерно возрастает.«

»Во всех подробностях, которые становились мне понятны только сейчас« – это утверждение можно отнести и к записям от 15 сентября, если сравнить их со спонтанным описанием встречи с Толстым, сделанным Рильке в письме к Софье Шиль из Тулы 2 июня. Теперь, три месяца спустя, повествование обрело более художественную форму, хотя и сохранило черты эпистолярности, выраженные, например, в постоянных обращениях к конкретному адресату, т.е. Лу Андреас-Саломе, что было характерно для стиля ›Флорентийского дневника‹ Рильке. Однако описание второй прогулки по парку в обществе графа отсутствует, зато больше внимания уделяется интерьеру дома и находящимся там портретам. Важно, что повествование завершается вопросом старого романиста, обращенном к молодому поэту. В момент ответа – автор дневника как бы обрывает себя …

О том, что произошло потом, уже после смерти Рильке рассказала Лу Андреас-Саломе в главе своих воспоминаний, озаглавленной ›С Райнером‹. В интерпретации писательницы посещение Ясной Поляны выглядит так:

»Эта вторая встреча с Толстым в мае 1900 года состоялась не в московском доме, как однажды, а в его имении в 17 верстах от Тулы – Ясной Поляне. Мы увидели его на фоне деревенской жизни, совершенно чурающегося помещичьего быта, мало напоминающего барина в своем домашнего пошива платье и питающегося, в отличие от остальной семьи, кашей да щами.

Особое впечатление оставила недолгая прогулка втроем в обществе Толстого. После вопроса, обращенного к Райнеру: ›А чем занимаетесь Вы?‹ и его несколько смущенного ответа: ›Лирикой‹, последовала гневная филиппика в отношении всякой лирики вообще. Наше внимание, однако, в этот момент было отвлечено зрелищем у ворот усадьбы. Подобно страннику, прибывшему издалека, граф неутомимо раздавал окрест себя поклоны и приветствия. Он вел себя так, как другие поступают,

Hier bricht die Eintragung ab, bevor noch der wichtige »Gang in den Park«, der in der Tagebuchaufzeichnung von Lou Andreas-Salomé den Mittelpunkt ihrer Schilderung bildet, zur Darstellung gelangt. Vielleicht kam dies dann Anfang Oktober in Rilkes Gespräch mit der jungen Bildhauerin Clara Westhoff – die er 1901 heiraten sollte – zur Sprache. Doch es bleibt in dieser Eintragung vom 3. Oktober bloß bei einem kurzen Hinweis, der sogleich in Reflexionen über Tolstois »Todesbewußtsein« übergeht:

»Später, als wir im Wohnzimmer saßen, erzählte ich von Tolstoi, erzählte zum ersten Mal ganz genau unseren Besuch in Jasnaja Poljana mit mancher Einzelheit, die mir erst klar geworden war, sprach dann über Todesfurcht, über das erste große Ergriffensein vom Bewußtsein des Todes, welches zugleich der erste Moment gesteigerten, allseitigen persönlichen Lebens ist.«

»Mit mancher Einzelheit, die mir erst klar geworden war« – dies gilt auch für die Eintragung Rilkes im Tagebuch vom 15. September, wenn man sie mit dem spontanen Bericht aus Tula vom 2. Juni – also dreieinhalb Monate zuvor – in dem Brief an Sofja Schill vergleicht. Allerdings hat der spätere Tagebuchtext, trotz einer zum Teil schon »poetisierten« Sprachform, noch Reste einer epistolographischen Struktur; die einleitende Du-Anrede verrät, daß auch dieses Tagebuch, wenngleich nicht mehr so intensiv wie das erste aus Florenz, noch an Lou Andreas-Salomé gerichtet ist. Auffallend bleibt, neben dem Ausbleiben einer Schilderung des zweiten, mit dem Grafen selbst unternommenen Ganges durch den Park, die größere Ausführlichkeit bei der Schilderung der Innenräume, auch ihrer ikonologischen Ausstattung; vor allem aber, daß dieser Text mit jener Frage schließt, die der greise Romanautor an den jungen deutschsprachigen Lyriker gerichtet haben soll. Bei der Wiedergabe seiner Antwort verschlägt es dem Tagebuchschreiber die Sprache ...

Wie es hier tatsächlich weitergegangen ist, hat Lou Andreas-Salomé in ihrem eigenen, erst nach Rilkes Tod niedergeschriebenen Erinnerungsbuch ›Lebensrückblick‹ dem Kapitel ›Mit Rainer‹ anvertraut. Hier erscheint der gemeinsame Besuch in Jasnaja Poljana in folgender, verkürzter Darstellung:

»Dieser zweite Besuch bei Tolstoj, im Mai 1900, fand nicht in seinem Moskauer Winterhaus statt wie der auf der ersten Reise, sondern in dem 17 Werst von Tula gelegenen Gut Jásnaja Poljána. Ganz konnte man ihn auch wohl nur auf den Lande erleben, nicht in Stadt und Zimmer – mochte sich dieses noch so bäuerlich abheben von den übrigen Gemächern des gräflichen Haushalts, oder mochte es den Hausherrn noch so unbefangen in selbstgeflicktem Kittel oder bei Handwerksarbeit zeigen oder an der Familientafel bei Grütze und Kohlsuppe im Gegensatz zu den leckern Gerichten der Tischgenossen.

посещая храмы или святые места. Оставленные без внимания, мы жадно вслушивались и вглядывались в происходившее, стараясь не упустить мельчайшую деталь, каждое движение, поворот головы, особенность походки – все, что заключалось в имени ›Толстой‹. Почти уже летние луга утопали в цветах такой высоты и яркости красок, какие редко где можно встретить, кроме России. А в глубине лесных зарослей таились низины, поросшие незабудками. И на фоне этого пестрого многоцветия в моих воспоминаниях запечатлелся Толстой, неожиданно среди оживленного наставительного разговора сгибающийся и своей сухой ладонью накрывающий незабудку, как бабочку, жадно прижимающий ее к лицу, чтобы затем выронить. Вокруг по-прежнему время от времени раздаются звуки крестьянских приветствий; из этих нескончаемых изъявлений любви чаще всего можно услышать: ›До скорой встречи!‹ И я с тем же чувством признательности от всего сердца говорила в ответ: ›До встречи‹.«

Вместе с тем и сам Рильке позднее добавил некоторые подробности в воспоминания о своем посещении Ясной Поляны. Два французских собеседника поэта в период его последнего длительного пребывания в Париже оставили яркое и весьма схожее между собой описание встречи Рильке с Толстым. Шарль де Бо рассказал об этом в своем ›Журнале 1924–1925‹ (Journal 1924–1925), а французский переводчик Рильке Морис Бетц – в книге воспоминаний (›Rilke vivant‹, перевод на немецкий язык Вилли Райха, 1938: Willi Reich, ›Rilke in Frankreich‹). В их передаче вначале разворачивается домашняя сцена, невольными свидетелями которой стали Рильке и Лу Андреас-Саломе, потом следует прогулка, описанная с некоторыми вариантами:

»Мы узнали голос графини, чьи крики и рыдания перебивались гневным голосом графа. Двери были закрыты и вся сцена происходила где-то в глубине дома. Постепенно в происходившее были вовлечены и другие обитатели. На несколько минут воцарилась тишина, двери распахнулись и появился Лев Толстой. Он выглядел усталым и озабоченным, его руки слегка дрожали, взгляд был отсутствующим. Казалось, в этот раз он не узнал нас, задал несколько вопросов, не ожидая, впрочем, ответа, и снова удалился. За стеной слышалось шушуканье, графиня что-то говорила сдавленным от слез голосом, а граф ее успокаивал. Вскоре он вошел к нам снова. В руках палка, взгляд из-под густых бровей ясный и пронзительный. ›Хотите вместе со всеми обедать или пойдете со мной на прогулку?‹ спросил он в полный голос, в котором смешались нетерпение и ирония.«

So war diesmal, bezeichnenderweise, der stärkste Eindruck, den wir empfingen, der von einer kurzen *Wanderung* zu dritt. Nach einer Frage an Rainer: ›Womit befassen Sie sich?‹ und dessen etwas schüchterner Antwort: ›Mit Lyrik‹, war eine temperamentvolle Entwürdigung jeglicher Lyrik auf ihn niedergeprasselt, – ihr aber volle Aufmerksamkeit zuzukehren, hinderte uns beim Ausgang von Gutshof ein fesselnder Anblick. Denn ein Pilger von fern, schon greise, war herangekommen, wurde nicht müde, den andern Alten unter stets erneuten Verbeugungen und Grüßen zu ehren. Er bettelte nicht, er grüßte nur, wie die vielen, die oft von weit her kamen zu dem gleichen Zweck: ihre Kirchen oder Heiligtümer wiederzusehen. So mußten wir, indes Tolstoj achtlos weiterschritt, die Ohren nach beiden Seiten spitzen – aber unsere Augen blieben umso konzentrierter beschäftigt: jede Bewegung, Kopfwendung, jedes geringste Innehalten in der brüsken Gangart vermittelt uns ›*Tolstoj*‹ Die frühsommerlichen Wiesen quollen über von Blumen, wie man sie selten so hochgewachsen und tiefgefärbt trifft außer auf russischer Erde; auch noch innerhalb des Waldschattens deckten unwahrscheinlich große Vergißmeinnicht den etwas moorigen Boden. Und stark betont wie diese Blumenfarben selber blieb mir eindringlich in Erinnerung, wie Tolstoj, inmitten lebhaften und lehrhaften Sprechens, sich förmlich jählings bückte, mit hohler Hand – etwa so wie man nach Schmetterlingen haschen würde – büschelweise die Vergißmeinnicht einfing, sie heftig, als müsse er sie sich total einverleiben, ans Gesicht preßte und sie dann lässig aus der Hand fallen ließ. Noch immer tönten, verschwommen hörbar, von ferner die verehrenden, begrüßenden Worten des Bauern; aus ihrem nicht-enden-mögen klang es gleich einem: ›– daß ich dich noch gesehen –!‹ Und ich lieh ihnen aus unserm Gefühl die gleichen dankenden Worte, das gleiche Begrüßen: ›– daß wir dich noch gesehen –.‹«

Aber auch bei Rilke holten selbst seine spätesten Erinnerungen neue Einzelheiten des Besuchstages von Jasnaja Poljana ins Gedächtnis zurück. Zwei französischen Gesprächspartnern hat Rilke noch während seines letzten langen Aufenthaltes in Paris, 1925, farbige, fast gleichlautende Schilderungen seines Besuches bei Tolstoj gegeben. Charles du Bos hat sie unter dem 30. Januar 1925 in seinem ›Journal 1924–1925‹ notiert; und Rilkes französischer Übersetzer Maurice Betz hat sie in seinem Erinnerungsbuch ›Rilke vivant‹ – 1938 von Willi Reich unter dem Titel ›Rilke in Frankreich‹ ins Deutsche übertragen – teilweise in wörtlicher Wiedergabe aufgezeichnet. Vor allem der häusliche Streit, dessen unfreiwillige Zeugen Rilke und Lou Andreas-Salomé wurden, erscheint wie der anschließende Spaziergang mit ergänzenden Varianten:

После описания прогулки средь »берез и лугов« Рильке переходит к изложению »Беседы«:

»Мы говорили о многом: о природе, нас окружавшей, о России, о смерти… Он оживленно беседовал по-русски, и я, конечно, не всегда понимал каждое слово. Однако от всего сказанного им веяло какой-то первозданной силой, производившей на собеседника значительное и в чем-то чудесное воздействие. Сбоку я имел возможность видеть его широкое скуластое лицо с крупными ушами под развеваемыми ветром седыми прядями волос, с расширенными ноздрями, жадно вбирающими весенние запахи. В своей крестьянской блузе с длинной бородой он напоминал шествующего пророка. Однако взгляд проницательных глаз выдавал в нем земного человека. Вот таким он мне запомнился, и это, возможно, было значительнее всяких слов.«

Весьма схожи с этими и другие воспоминания Рильке о встрече с Толстым, сказанные, впрочем, в связи с конкретным поводом и оттого более приукрашенные словесно. Это было после многочисленных потрясений в жизни поэта: разрыва с Лу в феврале 1901 года, последовавшей за тем женитьбой на Кларе Вестхофф в апреле, переезда на жительство в Ворпсведе в мае, рождения дочери Рут в декабре 1901 года, разрушения семейного очага летом 1902 года, пребывания в Париже (осень-зима 1902/03), возобновления переписки с Лу в кризисное для него лето 1903 года, римского периода (зима 1902/03 гг) и, наконец, приглашения в Швецию летом 1904 года. Важно, что во всех этих жизненных перипетиях воспоминания о встрече с пожилым графом по-прежнему оставались живы в душе Рильке. Хотя их, в известной степени, питало также внутреннее сопротивление провозглашенному Толстым в конце жизни отказу от искусства во имя какой-то сектантской социальной проповеди, а также не забытого поэтом унизительного »допроса«, учиненного графом в Ясной Поляне. Поднятый уже летом 1903 года в большом исповедальном письме Рильке к Лу Андреас-Саломе вопрос о конфликте между жизнью и искусством, столь важный для всякого поэта с творческой и экзистенциальной стороны, был изложен им впоследствии во вступительной лекции, предшествовавшей чтению стихов в прогрессивном учебном заведении »Samskola« (общеобразовательной школе) в шведском Гетеборге. В этом тексте, написанном в окрестном Фуруборге, он впервые открыто говорит об особенностях самосознания поэта. Важно, что выступая перед преподавателями школы, идеалы которых он разделял, достаточно эгоцентричный по

36 *Ясная Поляна. Комната секретарей – »ремингтонная«. 1940 (Государственный музей Л.Н. Толстого. Москва)* – Sekretariat in Jasnaja Poljana. 1940 (Staatliches Tolstoj-Museum, Moskau)

37 *Л. Н. и С. А. Толстые. 1910 г. Ясная Поляна. Фото С. А. Толстой (Государственный музей Л. Н. Толстого, Москва)* – Leo Tolstoj und seine Frau Sofia Tolstaja. 1910. Photographie von Sofia Tolstaja (Staatliches Tolstoj-Museum, Moskau)

»Wir erkannten die Stimme der Gräfin, deren Schreie und Schluchzen von der zornigen Stimme des Grafen unterbrochen wurden. Türen wurden zugeschlagen, die Szene wurde ins Innere des Hauses verlegt, wobei, wie es schien, andere Personen in den Aufruhr einbezogen wurden. Es gabe einige Minuten Stille, dann öffnete sich die Türe wieder und wir sahen Leo Tolstoi erscheinen. Er schien müde und zornig zugleich, seine Hände zitterten leicht, seine Blicke waren abwesend. Er schien uns zunächst nicht wiederzuerkennen und stellte uns zerstreut einige Fragen, ohne auf die Antworten zu achten. Dann verließ er uns wieder. Hinter der Wand hörten wir Flüstern, die Stimme einer klagenden, von Tränen geschüttelten Frau, beschwichtigende Worte Tolstoi's ... Dann erschien der Graf wieder. Er hielt den Stock in der Hand. Sein Blick war diesmal ganz klar und stach sonderbar aus den buschigen Brauen hervor. ›Wollen Sie mit den anderen speisen oder mit mir spazieren gehen?‹ fragte er mit starker Stimme, in der Ungeduld mit Ironie gemischt waren.«

Nach der Schilderung des Ganges durch die »Birken- und Wiesenlandschaft« kommt Rilke dann auf das »Gespräch« selbst zu sprechen:

»Wir sprachen von mancherlei Dingen: von der Landschaft, die uns umgab, von Rußland, vom Tod ... Da er russisch redete und sich mit Lebhaftigkeit ausdrückte, verstand ich nicht immer alle seine Worte. Aber alles, was er sagte hatte einen Akzent elementarer Mächtigkeit, einen Ausdruck von Kraft und Majestät. Von der Seite betrachtete ich manchmal das breite Gesicht mit den vorspringenden Backenknochen, mit den gewaltigen Ohren unter den weißen, im Winde flatternden Flechten, mit den geweiteten Nasenflügeln, die den Frühling mit einer Art Sinnlichkeit einsogen. In seiner Bauernbluse schritt er aus, der lange Bart wehte, seine Beweguungen waren weitausgreifend wie bei einem Propheten, aber der Blick war scharf und furchtbar gegenwärtig. Dies ist das Bild, das mir von ihm geblieben ist, und das war mehr als seine Worte.«

Sehr viel näher aber noch am Ereignis selbst stand eine Reminiszenz Rilkes, die durch einen bestimmten Anlaß hervorgerufen und zugleich gefärbt worden war. Über alle Veränderungen in Rilkes Leben nach der zweiten Rußlandreise hinweg – die Trennung von Lou im Februar 1901, die Heirat mit Clara Westhoff im April, die Ansiedlung in Westerwede bei Worpswede im Mai, die Geburt der Tochter Ruth im Dezember 1901, die Auflösung des Haushalts im Sommer 1902, der Aufenthalt in Paris im Herbst und Winter 1902/03, die Wiederaufnahme des Briefwechsels mit Lou im Krisensommer 1903, der römische Aufenthalt im Winter 1902/03 und schließlich die Einladung nach Schweden im Sommer 1904 – : über alle diese Veränderungen hinweg blieb die Erinnerung an die Begegnungen mit dem greisen Grafen, blieb der mächtige Eindruck

своей сути поэт снова возвращается к теме великого рассказчика и его спорным эстетическим воззрениям, считая, видимо, что посещение Ясной Поляны и встреча с Львом Толстым имела чрезвычайное значение для его последующего как личностного, так и художественного развития. Рильке, в частности сказал (›Rilke und die Samskola‹, in: Rainer Maria Rilke, Briefwechsel mit Ellen Key, Frankfurt am Main und Leipzig 1993):

»В течении многих лет меня волновал и мучил вопрос о назначении искусства. Я вспоминаю, какое сильное впечатление произвела на меня однажды небольшая книжечка Толстого, его статья: ›Против искусства‹.

Она появилась как раз накануне моего второго путешествия в Россию. Я знал, что увижусь с Толстым. До этого я читал в оригинале некоторые его романы, а тут появилась эта брошюра ›Против искусства‹. В ней он практически отрекался о всего написанного ранее. Конечно, я бы не осмелился так прямо ему об этом сказать. С другими произведениями писателя я был знаком значительно хуже, а об этом мог дискутировать, так как оно показалось мне каким-то ребяческим для такого большого мастера, как Толстой, и продиктованным той же жаждой внутреннего самопознания, как и мои стихи. Однако было невозможно объяснять значение искусства столь великому человеку, потому что все, что я мог сказать, он уже, конечно, знал, знал и использовал для доказательства своей идеи. В первые полчаса нашего пребывания в Ясной Поляне, так случилось, что Толстой несколько отчуждено и торопливо задал мне испытующий вопрос: ну а чем занимаетесь Вы? Как я трусил, опасаясь заранее, что он спросит меня об этом. Что я мог ему сказать? Что я путешествую и провожу время, познавая себя самого, в надежде написать стоящие стихи? Разве это занятие? – мог бы в ответ возразить он.

И все-таки я сказал ему об этом. Сказал, будучи неспрошенным, часом позже, когда шел с графом по цветущему лугу, такому же голубому от незабудок, как и небо над ним. Я попытался объяснить, о каком искусстве мечтаем мы, медленно взрослеющие молодые люди. Я говорил ему о картинах и стихах, а мое сердце трепетало. Каждый миг я ожидал, что он перебьет меня, отшвырнув мои аргументы назад как игрушку, и даже не осмеливался взглянуть на него. Но неожиданно для себя я вдруг обнаружил, что он слушает – серьезно и внимательно. Толстой внимал речам и доводам столь молодого человека, а потом взглянул на меня серьезно и светло. Мы остановились. Я выдержал этот взгляд и ответил ему. Это было все.«

seiner Persönlichkeit in Rilke lebendig; ebenso aber auch die innere Auflehnung gegen die vom alten Tolstoj postulierte Absage an die Kunst zugunsten einer sektiererisch gelebten sozialen »Heilslehre« – eine Auflehnung, die sich vielleicht auch aus der Erinnerung an die den jungen Poeten uneingestanden demütigende »Befragung« in Jasnaja Poljana nähren konnte. Hatten schon die großen Bekenntnisbriefe an Lou Andreas-Salomé vom Sommer 1903 einer künstlerischen wie existentiellen Selbstvergewisserung des vom Konflikt zwischen Kunst und Leben immer wieder angefochtenen Dichters gedient, so gab ihm Anfang November 1904 sein Besuch der pädagogisch fortschrittlichen »Samskola« (Gemeinschaftsschule) im schwedischen Göteborg die Gelegenheit, in einem einleitenden Vortrag vor der Verlesung seines im benachbarten Furuborg geschriebenen Aufsatzes über diese Schule ein erstes öffentliches Selbstbekenntnis als Dichter abzulegen. Gerade in dieser Ansprache vor Erziehern, deren Ideale er teilte, kam der selbstbewußter gewordene Dichter wieder auf den großen Erzähler und dessen problematische Ästhetik zu sprechen, was ihn zugleich veranlaßte, auch das zentrale Erlebnis seines Besuchs von Jasnaja Poljana heraufzurufen und seine dortige Begegnung mit Lew Tolstoj in die Deutung seiner eigenen, menschlichen wie künstlerischen Entwicklung sinngebend einzufügen. Rilke sagte dort unter anderem (›Rilke und die Samskola‹, in: Rainer Maria Rilke, Briefwechsel mit Ellen Key, Frankfurt am Main und Leipzig 1993):

»Vor mehreren Jahren konnte die Frage nach der Berechtigung der Kunst mich noch beunruhigen und verwirren; ich erinnere mich da des starken Eindrucks, den ein kleines Buch von Tolstoj damals auf mich machte: seine Schrift: ›Gegen die Kunst‹. …

Jene Schrift Tolstoj's erschien, als ich im Begriffe war, meine zweite russische Reise anzutreten. Ich wusste, dass ich Tolstoj wiedersehen würde. Ich hatte eben seine grossen, dichterischen Bücher in seiner Sprache lesen gelernt, – aber nun im letzten Augenblick war jene Broschüre ›Gegen die Kunst‹ erschienen. In ihr verleugnete er alle seine Dichterwerke. Ich würde also davon nichts zu ihm sagen dürfen. Von seinen anderen Schriften wusste ich wenig und über das Buch ›Gegen die Kunst‹ konnte ich kaum mit ihm reden; denn es schien mir kindisch, ihm, dem gewaltigen Künstler, gegenüber von der unbestimmten, kaum erklärbaren Sehnsucht zu sprechen, aus der mir meine Gedichte kamen wie aus tiefster Notwendigkeit; unmöglich wurde es mir, die Berechtigung der Kunst vor einem Meister zu behaupten, der alles was ich sagen konnte wissen musste und noch viel mehr, und dennoch gegen die Kunst entschieden hatte. In der ersten halben Stunde auf Jassnaja Poljana geschah es, dass Tolstoj einen Fremden eilig und prüfend fragte: Womit beschäftigen Sie sich? Wie sehr fürchtete ich er

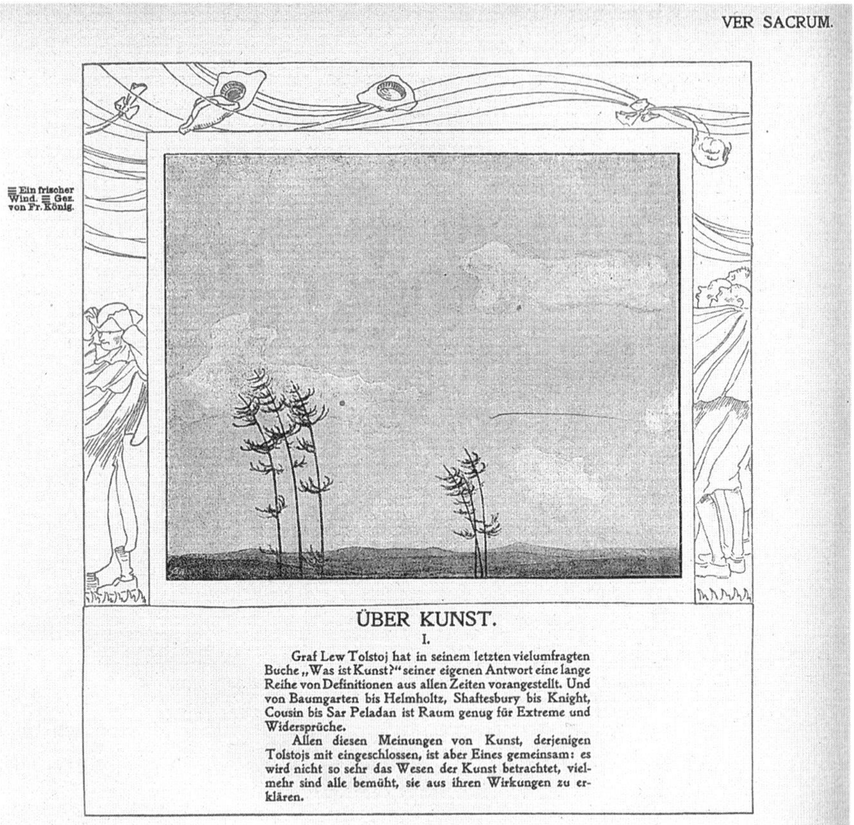
VER SACRUM.

Ein frischer Wind. Gez. von Fr. König.

ÜBER KUNST.

I.

Graf Lew Tolstoj hat in seinem letzten vielumfragten Buche „Was ist Kunst?“ seiner eigenen Antwort eine lange Reihe von Definitionen aus allen Zeiten vorangestellt. Und von Baumgarten bis Helmholtz, Shaftesbury bis Knight, Cousin bis Sar Peladan ist Raum genug für Extreme und Widersprüche.

Allen diesen Meinungen von Kunst, derjenigen Tolstojs mit eingeschlossen, ist aber Eines gemeinsam: es wird nicht so sehr das Wesen der Kunst betrachtet, vielmehr sind alle bemüht, sie aus ihren Wirkungen zu erklären.

38/39 *Райнер Мария Рильке. Об искусстве. В журнале: Ver Sacrum. Вена. Ноябрь 1898, с. 22. Оформление в стиле »модерн« Ф. Кенига (Немецкий литературный архив, Марбах)* – Rainer Maria Rilke: Über Kunst, in: Ver Sacrum. Wien, Jg. I, Heft 9 vom November 1898, S. 22. Jugendstilschmuck von Fr. König (Deutsches Literaturarchiv, Marbach)

Изменения в этой версии пересказа очевидны, они объясняют, прежде всего, имевшиеся раньше пропуски в описании событий, причина которых – так же, как и возникшая у Рильке необходимость высказаться, – заключалась в особенностях его поэтического самопознания. Сама по себе полемическая заостренность заглавия статьи Толстого ›Что такое искусство?‹, которой он пользуется, потребовала некоторой корректировки собственных воспоминаний ради возможности сделать свой комментарий. Поэт, таким образом, по сравнению с ранними версиями переносит кульминацию встречи с Толстым из дома на момент прогулки

Alfred Roller. Entwurf zu e. Fahrradplacat.

Es ist, als ob man sagte: Die Sonne ist das, welches Früchte reift, Wiesen wärmt und Wäsche trocknet. Man vergisst, dass dieses letztere jeder Ofen vermag.

Wenngleich wir Modernen am weitesten entfernt sind von der Möglichkeit, anderen oder auch nur uns selbst durch Definitionen zu helfen, haben wir doch vielleicht vor den Gelehrten die Unbefangenheit und Aufrichtigkeit und eine leise Erinnerung aus Schaffensstunden voraus, welche unseren Worten in Wärme ersetzt, was ihnen an historischer Würde und Gewissenhaftigkeit fehlt. Die Kunst stellt sich dar als eine Lebensauffassung, wie etwa die Religion und die Wissenschaft und der Socialismus auch. Sie unterscheidet sich von den anderen Auffassungen nur dadurch, dass sie nicht aus der Zeit resultiert und gleichsam als die Weltanschauung des letzten Zieles erscheint. In einer graphischen Darstellung, bei welcher die einzelnen Lebensmeinungen als Linien in die ebene Zukunft fortgeführt würden, wäre sie die längste Linie, vielleicht das Stück einer Kreisperipherie, das sich als Gerade darstellt, weil der Radius unendlich ist.

Wenn ihr einmal die Welt unter den Füssen zerbricht, bleibt sie als das Schöpferische unabhängig bestehen und ist die sinnende Möglichkeit neuer Welten und Zeiten.

Deshalb ist auch der, welcher sie zu seiner Lebensanschauung macht, der Künstler, der Mensch des letzten Zieles, der jung durch die Jahrhunderte geht, mit keiner Vergangenheit hinter sich. Die anderen kommen und gehen, er dauert. Die anderen haben Gott hinter sich wie eine Erinnerung. Dem Schaffenden ist Gott die letzte, tiefste Erfüllung. Und wenn die Frommen sagen: „Er ist", und die Traurigen fühlen: „Er war", so lächelt der Künstler: „Er wird sein". Und sein Glauben ist mehr als Glauben; denn er selbst baut an diesem Gott. Mit jedem Schauen, mit jedem Erkennen, in jeder seiner leisen Freuden fügt er ihm eine Macht und einen Namen zu, damit der Gott endlich in einem späten Urenkel sich vollende, mit allen Mächten und allen Namen geschmückt.

Das ist die Pflicht des Künstlers.

Weil er sie aber als Einsamer mitten im Heute wirkt, so stossen seine Hände da und dort an die Zeit. Nicht, dass sie das Feindliche wäre. Aber sie ist das Zögernde, Zweifelnde, Misstrauische. Sie ist der Widerstand. Und erst aus diesem Zwiespalt zwischen der gegenwärtigen Strömung und der zeitfremden Lebensmeinung des Künstlers entsteht eine Reihe kleiner Befreiungen, wird des Künstlers sichtbare That: das Kunstwerk Nicht aus seiner naiven Neigung heraus. Es ist immer eine Antwort auf *ein Heute*.

Das Kunstwerk möchte man also erklären: als ein tiefinneres Geständnis, das unter dem Vorwand einer Erinnerung, einer Erfahrung oder eines Ereignisses sich ausgibt und, losgelöst von seinem Urheber, allein bestehen kann.

Diese Selbständigkeit des Kunstwerkes ist die Schönheit. Mit jedem Kunstwerke kommt ein Neues, ein Ding mehr in die Welt.

Man wird finden, dass in dieser Definition alles Raum hat: von den gothischen Domen des Jehan de Beauce bis zu einem Möbel des jungen van der Velde. —

Die Kunsterklärungen, welche die WIRKUNG zur Grundlage nehmen, umfassen viel mehr. Sie müssen in ihren Consequenzen auch nothwendig den Fehler begehen, statt von der Schönheit vom Geschmack, d. h. statt von Gott vom Gebete zu reden. Und so werden sie ungläubig und verwirren sich immer mehr.

Wir müssen es aussprechen, dass das Wesen der Schönheit nicht im Wirken liegt, sondern im Sein. Es müssten sonst Blumenausstellungen und Parkanlagen schöner sein als ein wilder Garten, der vor sich hinblüht irgendwo und von dem Keiner weiss.

RAINER MARIA RILKE.

konnte dieselbe Frage an mich richten. Was sollte ich antworten? Dass ich reiste und sehnsüchtig die Stunde erwartete, da mir ein guter Vers gelingen würde? War das eine Beschäftigung? – Konnte ich das sagen?

Und ich sagte es trotzdem. Ungefragt sagte ich es, eine Stunde später als der Graf mit mir durch seine Wiesen ging, die, wie Himmel, ganz blau von Vergissmeinnicht waren. Da erzählte ich ihm von der Kunst, zu der wir jungen Leute langsam heranwachsen wollten. Ich sprach ihm von Bildern, von Gedichten; mein Herz zitterte. Ich erwartete jeden Augenblick, dass er mich unterbrechen, dass er mir meine Worte, wie ein Spielzeug wegnehmen würde; ich wagte

в обществе писателя, сокращает на этот раз описание окружавшей природы и сосредотачивается на одном-единственном: своем ответе на вопрос графа. Но в отличии от написанных гораздо позднее воспоминаний Лу Андреас-Саломе, где »звучит несколько робкий ответ на вопрос писателя: ›Лирикой‹, и за ним следует темпераментная отповедь Толстого по этому поводу«, в 1904 году, обращаясь к шведской публике, оратор предпочел представить старого графа в образе »серьезного и внимательного слушателя« молодого человека, рассказывающего ему о »новом искусстве«. Возникновению этого явно сочиненного повествования мы безусловно обязаны вечеру в Фуруборге. И следующие за ним пояснения о значении России и русских путешествий для последующего развития и жизни имеют несомненные признаки поэтической приподнятости, связанные с тем, что Рильке считал их самым важным своим жизненным впечатлением:

»Я мог тогда так мало сказать об искусстве. А о жизни практически ничего. Уже потом, когда я увидел, как живут в центральной России, когда оказался в гуще русских людей – истина открылась мне. Здесь протекала истинная жизнь, взращенная на страдании. Она развивалась, не подверженная греху, вопреки всему бесправию столетия. Человек здесь начинал свою жизнь так, как если бы она длилась сто лет. И здесь я понял, что нужно прожить свой век по возможности более полно. Это не относится к заполненности дня, а к внутренней душевной работе. […]

Впервые, в столь безмерно раскрывшемся предо мной пространстве жизни, находилось место искусству. Так это было для меня, потому что в самих русских людях заключено нечто художественное, искусство будто дремлет в них. Я стал понимать, что человек, посвятивший себя творчеству, должен быть так же терпелив, серьезен и неутомим, как русские. Так же прост и непосредственен, как они, и так же неудержимо стремиться к великому, к вечному.«

Другие публичные выступления Рильке состоялись в 1905, 1906 и 1907 гг. Пятнадцать лет спустя он был снова приглашен в Швецию с циклом из семи чтений. Во вступительном слове к своими избранными сочинениями поэт трижды (27.10.1919), Сент-Галлен (7.11.1919), Базель 14.11.1919) возвращался к воспоминаниям о посещении Ясной Поляны. Образ пожилого писателя соседствовал в рассказах Рильке с Роденом, обоих этих людей он считал примером для подражания. О глубоком диалектическом чувстве уважительного восторга перед великим романистом, смешанным с внутренней убежденностью в правоте соб-

nicht, ihn anzusehen. Aber schliesslich merkte ich: er hörte zu. Er hörte ernst und aufmerksam zu. Er liess mich, jungen Menschen, reden, ausreden, und dann sah er mich ernst und hell an. Wir blieben stehen. Und ich ertrug seinen Blick und hielt ihn aus. Das war Alles.«

Die Veränderungen in dieser Version einer Nacherzählung sind augenfällig; sie erklären sich zuallererst, auch in den Weglassungen, aus dem Anlaß zu ihrer Wiedergabe: dem dichterischen Selbstbekenntnis. Schon die polemische Zuspitzung des Titels von Tolstojs Schrift ›Was ist Kunst?‹ geschieht, und sei es in einer Verschiebung der Erinnerung, um der Verdeutlichung willen. Den Schwerpunkt aber bildet, nach der Auslassung des Hausbesuches und der Verkürzung des Ganges – diesmal durch die Wiesen –, gerade das, was Rilke in den früheren Versionen zunächst ganz ausgelassen, später auf einen einzigen, dazu noch ungenau erinnerten Satz verkürzt hatte: die Antwort des jungen Dichters auf die Frage des Grafen. Während in der – *so* allerdings erst sehr viel später niedergeschriebenen – Darstellung im ›Lebensrückblick‹ von Lou Andreas-Salomé auf die kurze, »etwas schüchterne Antwort: ›Mit Lyrik‹, [...] eine temperamentvolle Entwürdigung jeglicher Lyrik auf ihn niederprasselte«, läßt der selbstbewußt gewordene Redner von 1904 vor seinem schwedischen Publikum den alten Grafen »ernst und aufmerksam« zuhören und sich selbst, seine Schüchternheit überwindend, diesem von der Kunst der »jungen Leute« erzählen. Eine solche, wohl doch etwas phantasierend erweiterte Darstellung war natürlich dem Anlaß und der Intention jenes Abends in Furuborg geschuldet. Und selbst die folgende und wichtige Erläuterung dessen, was Rußland und die russischen Reisen für seine eigene Entwicklung und für sein weiteres Leben bedeuten sollten, trug bereits Züge jener dichterischen Überhöhung, mit der Rilke bis zuletzt sein vielleicht wichtigstes Grunderlebnis sehen und verstehen wollte:

»Und ich wusste damals noch so wenig von Kunst zu sagen. Und vom Leben wusste ich nichts. Erst später, als ich im inneren Russland das Leben sah, wie es in der Tiefe russischer Menschen vor sich ging, offenbarte es sich mir. Hier war ein Leben, das jedem Leiden gewachsen war. Wie Heilige durch Flammen gehen, so ging dieses Leben, unversehrt und fortwährend wachsend, durch das dunkle Unrecht der Jahrhunderte. Hier fing jeder Mensch sein Leben an, als ob es ein Jahrtausend dauern sollte. Hier begriff ich, dass man sein Leben so weit als möglich leben müsse, nicht dem Tage nach, sondern in die Tiefe. [...].

Erst in diesem unendlich erweiterten Leben war Raum für die Kunst. – Ja, es kam mir vor, als wäre im russischen Menschen selbst etwas Künstlerisches; als schliefe Kunst in ihm. Denn ich ahnte, dass Kunst etwas Verwandtes hatte

40 *Рильке в Новинках, имении Николая А. Толстого, дальнего родственника Льва Толстого. Слева напрвао: Рильке, Наталья Толстая (в окне), Спиридон Дрожжин, Лу Андреас-Саломе, неизвестный юноша (издательство Инзель, Франкфурт)* – Rilke in Nowinki bei Nikolai A. Tolstoj, einem entfernten Verwandten Leo Tolstojs. Von links nach rechts: Rilke, Natalja A. Tolstaja (im Fenster), Spiridon Droshshin, Lou Andreas-Salomé, ein unbekannter Junge (Insel-Verlag, Frankfurt)

ственного творческого выбора, звучавшем в лекциях Рильке, можно судить по отзывам тогдашней критики, в частности, тексту Вальтера Ломайера в газете ›Национальцайтунг‹ от 16 ноября 1919 года:

»Сегодня, как это уже бывало не раз, поэт смог вполне справиться с каверзным для него вопросом о его мнимой оторванности от предшествующего искусства. Эта тема, подчеркнул он в своей изумительной по стилю и чрезвычайно убедительной лекции, занимает его уже долгие годы. Еще с тех пор, как он, совершая прогулку в обществе Льва Толстого по цветущим незабудками лугам в Ясной Поляне, нашел для себя неоспоримые доказательства широты, многогранности и »множественности« мира, позволяющие писателю, выражаясь словами Рильке, ›отображать все вокруг, зверей, растения, вещи и события в своем индивидуальном творческом виденьи‹.«

mit jenem Leben. Ich ahnte, dass ein Mensch, der Kunst schaffen wollte, ebenso geduldig, ebenso ernst, ebenso zeitlos weit sein müsse, wie es diese russischen Menschen waren. Dass er ebenso schlicht und einfach und unverwandt auf das Grosse, Ewige zugehen müsse wie sie.«

Einzelne Lesereisen unternahm Rilke 1905, 1906 und 1907; aber erst fünfzehn Jahre später hat ihn eine Einladung in die Schweiz nochmals zu einer siebenfachen Folge von Lesungen veranlaßt. In seinen Einleitungsworten zum Verständnis der ausgewählten Texte hat der Dichter dreimal, in Zürich (27.10.1919), St. Gallen (7.11.1919) und Basel (14.11.1919) die Erinnerung an seinen Besuch in Jasnaja Poljana heraufgerufen. Der alte Graf erscheint dabei, zusammen mit Rodin, als eine von Rilkes großen Vorbildgestalten; im Falle Tolstojs in dialektischer Spannung von ehrfürchtiger Bewunderung und herausgeforderter künstlerischer Selbstrechtfertigung. Rilkes spontane Darlegungen sind aus den Berichten der Rezensenten zu erschließen; am genauesten aus dem Text von Walter Lohmeyer in der Basler ›National-Zeitung‹ vom 16. November 1919:

»Nicht erst heute, wo eine zerwühlte Zeit vom Dichter Rat und Hilfe fordert, prüfte er sich ernstlich, ob es zu verantworten sei, eine scheinbar losgelöste, darum rücksichtslose Kunst wie die seine zu üben. Schon vor Jahren – erzählte er gestern in seiner wundervoll schlichten, überzeugenden Sprache –, als er mit Leo Tolstoi über die Vergißmeinnichtwiesen von Jasnaja Poljana ging, bewegte ihn diese Frage, und er bejahte sie bei sich, wenn es ihm gelinge, einige reine Beweise der Weite, Vielseitigkeit, ›Vollzähligkeit‹ der Welt zu gestalten oder mit Rilkes Worten: ›alles, Tiere, Pflanzen, Dinge, Vorgänge in den ihnen eigentümlichen Gefühlsraum‹ darzustellen.«

В эстетической терминологии Рильке слово »Превращение« имеет как художественный, так и экзистенциальный смысл.

»Художественный образ – порождение волшебных превращений«, (…), напишет он позднее в стихотворении »Магия« (1924). О ›Превращении‹ говорит поэт в письме к Якобу Барону Укскюлю от 19 августа 1909 года, в период создания ›Новых стихов‹ и романа ›Записки Мальте Лауридса Бригге‹ [На русском языке впервые издан в 1988 году в переводе и со вступительной статьей Н. Литвинец, в 1995 году в переводе Е. Суриц вошел в книгу ›Три символистских романа‹. – Прим. переводчика], предлагая примеры »многочисленных художественных превращений«. Последнюю строку стихотворения 1925 года »Превращение – это не обман … .« – следует толковать не только поэтологическим, но и экзистенциальным образом.

Совместное посещение Рильке и Лу Андреас-Саломе Ясной Поляны в художественном осмыслении поэта также обрело характер некоего »превращения«. Когда в 1909 году он работал над финалом своего романа, то в набросках двух глав создал некий вымышленный образ, преобразив некогда увиденное и услышанное им в художественное выражение своего »Я«, в сегодняшнее восприятие Толстого. Впоследствии Рильке исключил эти части из окончательного текста романа, оставив лишь событие посещения Ясной Поляны в качестве внутренних воспоминаний-ассоциаций своего путешествующего в одиночестве героя [На русском языке составляющие отдельную новеллу отрывки романа о встрече с Толстым, как и ряд документальных источников на эту тему, опубликованы в статье К. М. Азадовского ›Р. М. Рильке и Л. Н. Толстой‹ – ›Русская литература‹, 1969, №1. – Прим. переводчика]. Сравнивая прозу Рильке с цитированными выше мемуарными вариантами в отношении описания местности и самих событий, становится понятным, как действует художественный механизм »превращения«: »Зачем только мне выпало однажды то нездешнее майское утро? Смогу ли я понять это после стольких лет? И с открытыми глазами отчетливо ощущаю в данную минуту, как чувствовал себя тогда, сидя в чудной телеге, мчавшей то бешено быстро, то внезапно, без всякого перехода резко замедлявшей ход. Тем временем я окидывал взглядом лежавшие вокруг луга.

41 *На соседней странице: Анна Хеллман: Райнер Мария Рильке. Фотография с утраченного рисунка. 1905 (Собрание Шторка)* – Auf der gegenüberliegenden Seite: Anna Hellmann: Rainer Maria Rilke. Photographie nach einer heute verschollenen Zeichnung. 1905 (Sammlung Storck)

Rainer Maria Rilke
1905

42 *Райнер Мария Рильке с Кларой Рильке-Вестхофф в Вестерведе. 1901. На снимке, сделанной после второго путешествия в Россию, Рильке одет в русский костюм (Архив Рильке, Гернсбах)* – Rainer Maria Rilke mit Clara Rilke-Westhoff in Westerwede. 1901. Rilke im Russenkleid nach der zweiten Rußlandreise (Rilke-Archiv, Gernsbach)

In Rilkes ästhetischer Terminologie hat das Wort »Verwandlung« eine künstlerische wie eine existentielle Bedeutung.

»Aus unbeschreiblicher Verwandlung stammen
solche Gebilde – (...)«,

heißt es, auf den sprachkünstlerischen Schaffensprozeß bezogen, in dem späten Gedicht ›Magie‹ (1924). Von »Verwandlung« spricht Rilke, in der Schaffensepoche der ›Neuen Gedichte‹ und der ›Aufzeichnungen des Malte Laurids Brigge‹, in einem Brief an Jacob Baron Uexküll vom 19. August 1909, worin er auch den Ausdruck von der »multiplen Aktion künstlerischer Bewältigung« prägt. Die Schlußzeile eines Widmungsgedichts aus dem Jahre 1925, »Verwandlung ist nicht Lüge ....«, ist sowohl poetologisch wie existentiell zu verstehen.

Auch Rilkes und Lou Andreas-Salomés lebenslang erinnerter Besuch in Jasnaja Poljana hat im Werk des Dichters eine solche »Verwandlung« erfahren. Als er Ende 1909 am Abschluß seines Romans arbeitete, griff er in diesen Aufzeichnungen einer fiktiven Figur, die so manches von Rilke Gesehene und Erfahrene in ein künstlerisch »Seiendes« zu verwandeln vermochten, in zwei Kapitel-Entwürfen auf das dem Dichter stets gegenwärtige »Erlebnis Tolstoj« zurück. In die zweite dieser Aufzeichnungen – die er beide dann allerdings aus der Endfassung des Romans ausschied – nahm er das Ereignis des Besuchs in Jasnaja Poljana auf, das sich nun jedoch in die Erinnerungs-Assoziationen des Romanhelden einzufügen und daher auch die begleitende Person auszuscheiden hatte. Der Text läßt, im Vergleich zu den zitierten Varianten der Erinnerungen, an dem Topos und Legende gewordenen Ereignis »Jasnaja Poljana« beispielhaft erkennen, wie sich künstlerische »Verwandlung« im Prosawerk Rainer Maria Rilkes vollziehen kann:

»Wozu fällt mir aufeinmal jener fremde Maimorgen ein? Soll ich ihn jetzt verstehen nach soviel Jahren? Selbst ohne die Augen zu schließen, weiß ich, wie mir zu Mut war, als ich in der abenteuerlichen Teljega saß und nicht begriff, warum sie manchmal so rasend schnell und plötzlich, ohne Übergang, ganz langsam fuhr. Zuweilen hatte ich Zeit, an den sachten Hügeln, die einzelnen Vergißmeinnicht zu unterscheiden, die in dichten Stellen beisammenstanden, dann wieder wars, als würfen wir mit dem Wind unserer Eile die schwachen Hütten um, die zu nah an den Weg herankamen, und endlich, ebenso unerwartet, wurde die Fahrt weich, das stotternde Radgeräusch fiel fort, und das volle Geräusch des Dreigespanns mit dem Peitschengeknall blieb allein im

Повсюду росли незабудки. Они то собирались вместе, то расступались. Нахлынувшая от нашей быстрой езды волна воздуха срывала с тех, что оказывались на пути, их нежные головки. Вдруг дорога стала неожиданно гладкой, колеса перестали спотыкаться и грохот их затих. Тройка двигалась бесшумно, слышен был только окрест звук хлыста. Широко изогнувшись, путь скользнул по покатому склону к входу в усадьбу, обозначенную двумя невысокими круглыми башенками. В старые времена здесь располагался караул, сейчас росли деревья. Спрыгнув на землю, я стал Богом упрашивать кучера поскорее тихо скрыться. Господский дом стал виден не сразу, но я счел невозможным приблизиться к нему с таким разухабистым свадебным перезвоном. Он возник предо мной как нечто необычайно величественное, праздничное и рассчитанное на долгую жизнь. Я подождал под деревьями, пока повозка повернет и скроется из вида. Мне требовалась тишина. Та есте-

43 *Окрестности Ясной Поляны. 1905 (?). Фото В. Г. Черткова (Государственный музей Л. Н. Толстого, Москва)* – Bei Jasnaja Poljana. 1905 (?). Photographie von W. G. Tschertkow (Staatliches Tolstoj-Museum, Moskau)

Gehör und machte sich lustig drin breit. In diesem Moment bog der Wiesenweg verschwenderisch um und glitt mit mildem Gefäll auf den taligen Parkeingang zu, der von zwei kurzen runden Tortürmen bezeichnet war. Da hatten einst, unter dem alten Fürsten, die Wachposten gestanden; nun waren nur Bäume da, aber das machte keinen geringeren Eindruck auf mich; ich sprang auf und rüttelte den Kutscher und beschwor ihn, um Gottes willen, anzuhalten und aufzuhören. Zwar war noch kein Herrenhaus zu sehen, aber ich empfand es wie eine Ungeheuerlichkeit, mit so hochzeitlichem Bauernjubel dicht an jenes große Leben heranzufahren, dessen Nähe schon auf mir lag. Ich wartete unter den ersten Bäumen, bis der Wagen wendete und sich entfernte. Ich brauchte Stille. Jetzt war es still. Die nicht geordnete Stille eines vernachlässigten, tiefliegenden Parks, in dem auf welken Unterlagen der leichte Frühling sich rührt, ein wenig betäubt von ihrem feuchten Geruch. Was hätte ich darum gegeben, nichts vor zu haben, als eine Stunde in diesem Park. Und doch war ich schon in dem Lichtmuster der erwachsenen Birkenallee und ging, so langsam ich konnte, auf das Haus zu. Es kam mir erwünscht, daß rechts im Gehölz etwas blühte, was vom Weg aus nicht zu erkennen war; ich drängte mich durch: es war ein fremdes Gesträuch. Das war die letzte Ausflucht. Und um wie wenig schob ich mit ihr den Augenblick hinaus, da mich von ihm nichts mehr trennte als der Glanz der Frühlingsluft, der sich in der Glastür spiegelte. Durchbrach sein Gesicht eine Sekunde lang diese Spiegelung? Es schien mir zu klein, zu alt, zu kummervoll. Aber da war es vor mir. In der Tat, es war viel älter geworden in kurzer Zeit. Alter war darauf gehäuft, da und dort, unverteilt, so wie die Krankheiten es abgeladen hatten und die Todesgedanken und die schlaflosen Nächte; Alter in Haufen, nicht umgegrabenes Alter. Dabei fiel der Blick scharf wie aus weißen Scheinwerfern aus den zu weit gewordenen Augen, über denen die Brauen aufschäumten wie Zorn; die breite Nase gab ungewöhnliche Maße an, und in dem abstürzenden Bart war eine große Gewalt. Dann wandte sich die eingegangene Gestalt, die dieses Haupt zu tragen hatte, und ging mir vorauf. Und nun sah ich das Haar, das über dem Nacken lang geworden war und den hohlen Raum hinter den Ohren mit kleinen weichen Wendungen ausfüllte; es hatte etwas Scheues und Rührendes, es war Stubenhaar, im Zimmer gewachsen, verwöhnt von der Wärme der Kissen.

Nie wieder erfuhr ich je in solcher Gleichzeitigkeit Mitleid und Furcht. Ich stand oben im Saal, in dem nichts dunkel war als die alten Familienbilder, und ich sagte mir, daß ich Grund hatte, froh zu sein. Die Fenster waren weitoffen, es kam eine Menge Morgen herein und, ganz allein auf dem Tischtuch der breiten Familientafel, spielte das Silber des Samowars mit der unsichtbaren schwe-

ственная тишина лежащего в глубине запущенного парка, где веет весной и бродят дурманящие голову запахи. Я был готов провести в парке час и не ждал более ничего. Но дорога, вопреки собственной воли, вывела меня сквозь светотень березовой аллеи к дому. Я направился было вправо, где ярко цвел неизвестный мне кустарник, но это была последняя моя уловка. Передо мной блестела стеклянная дверь, отражающая сиянье весеннего дня. Там на мгновенье мелькнуло его лицо. Он показался так мал ростом, так стар и печален. Но это был все-таки он! Годы накапливались в нем, как болезни, как думы о смерти, как бессоные ночи. Он был стар весь, а не как-то в отдельных чертах. Но при этом взгляд его широко расставленных глаз, остро глядевших из-под нависших бровей, будто высвечивал лучом прожектора. Особая сила таилась в крупной лепке носа и окладистой бороде. Неожидано тот, кому принадлежала эта голова, обернулся и направился навстречу мне. Я увидел длинные волосы на затылке и впадинки за ушами с короткими влажными завитками. В этом было что-то пугающее и трогательное одновременно. Это были такие мягкие, выросшие в домашнем тепле и взлелеенные теплом подушек волосы.

Никогда более не испытывал такое сострадание и страх одновременно. Стоя наверху в пронизанной светом зале и вглядываясь в темные пятна фамильных портретов по стенам, я подумал, что все хорошо. Окна были широко отворены и комната заполнялась ясным утром, радостно сиявшем накрытым к обеду столом и отражавшемся в блеске серебряного самовара. Но было, конечно, поздно. Это все, что бы я мог сказать при настойчивых расспросах. Я углубился в рассматривание портретов, будто бы там было изображено что-то такое, о чем я как-то позабыл и вот теперь, наконец, вспомнил. Это был портрет монахини, настоятельницы какого-то монастыря, в суровом монашеском одеянии, написанный, должно быть, в конце семнадцатого века, бесспорно, русским художником. Следуя строгому канону, он не осмелился наделить свою модель чертами индивидуальности. Но удивительны были руки. Совершенно особенные, несимметрично положенные одна на другую в привычной готовности помолиться. Бог знает, как простой крепостной сумел так запечатлеть каждую черточку, каждый изгиб этих старческих рук, достичь таких высот реализма в том, что увидел в жизни. Должно быть, от этой его сосредоточенности руки получились слишком большими и теперь возвышались над портретом, подобно соборной колокольне над городом. Мне пришло на ум, что с этими руками связана какая-та

44 *Въездная аллея »Прешпект« усадьбы Ясная Поляна. 1892. Фото ателье »Шерер, Набгольц и К« (Государственный музей Л.Н.Толстого, Москва)* – Die Eingangsallee von Jasnaja Poljana, der sogenannte »Prospekt«. 1892. Photographie Scherer et Nabholz, Moskau (Staatliches Tolstoj-Museum, Moskau)

benden Heiterkeit. Und doch war es zu spät. Dies war alles, was ich hätte sagen können, wenn man mich gedrängt hätte. Ich vertiefte mich in die Porträts, als wäre etwas da, das man vergessen müßte, und schließlich blieb ich vor einem, das mich wirklich beschäftigte. Es stellte eine Nonne dar, die Äbtissin eines Klosters in ihrer verschlossenen Ordenstracht, und mochte gegen Ende des siebzehnten Jahrhunderts gemalt worden sein, offenbar von russischer Hand. Alles in diesem Bildnis, das Gesicht nicht ausgenommen, war allgemein und gleichgültig; die Gewohnheit des Kanons hatte sichtlich das Übergewicht behalten über den Einfluß des Gegenstandes. Aber plötzlich, bei den Händen, war ein Wunder geschehen: es waren deutliche, sehr eigene Hände, unsymmetrisch aneinandergelegt zu der oft gebrauchten Haltung des gewohnten Gebets. Gott weiß wie es geschehen sein mochte: der schlichte leibeigene Maler hatte es aufgegeben, seine sonstigen erlernten Hände zu malen; es war über ihn gekommen, die Hände nachzubilden, die er in Wirklichkeit vor sich sah, – und man mußte zugeben, daß es ihm wunderlich gelungen war, sie in ihrer Realität zu erreichen. Er hatte sie wichtig genommen, als gäbe es nichts als diese alternden

история, но тут же укорил себя за то, что слишком уж размечтался. Какой интерес может представлять для меня эта монахиня, имя которой едва ли известно? Причина крылась в моем смущении, которое я всячески пытался подавить, вглядываясь в висевшую на стене картину. Но все же теперь, годы спустя, я понимаю, что тот портрет не был там случаен. Как часто неизвестные на старых портретах предопределяют последующую судьбу дома и его обитателей. Пусть жизнь той монахини так и протекла в безвестности, но ее руки, которые так запомнились и поразили художника, заставили его, быть может впервые, испытать радость и муку в постижении мира искусством. Это будет повторяться в том доме вновь и вновь. И каждый, кто раскрывал здесь свои объятия Богу, платил за это годами самоотречения. Единовластно распоряжаясь своей жизнью, он отгораживался от себя и других. Он научился заглушать внутренний призыв души, отдаваясь каким-то новым занятиям. Но в конце концов его человеческая природа бунтовала, вырывалась из плена наружу и ища покоя, будоражила всех вокруг. Обрел ли он покой ныне? Мне не дано узнать об этом, представ перед ним и глядя ему в глаза. Но невольно я искал доказательства того, что этот суровый старец уже завершил свою борьбу с собой. А что если писательство вновь властно призовет его к себе? Как быть тогда с тем страхом смерти, что заполняет его? Ведь он должен будет уйти так и не закончив начатого. В этом доме, казалось, не было комнаты, где страх не настигал его (…) И к своему ужасу он отчетливо понимал, что там впереди, ему уже не суждено будет писать. И там в вечности ему предстоит прятать душевное стремление к творчеству как нечто такое, чего нельзя никак обнаружить. Но разве этот его страх – не что иное, как страх собственной гордыни?! Изгнав из своей повседневности реальную потребность любви во имя ее высшего проявления, он впал в суетность и нетерпение. Всячески желая скрыть вновь охватившую его жажду славы, он лишь все нагляднее демонстрировал свое тщеславие […]«.

Таким образом, Мальте, герой романа Рильке [Мальте – 28-летний датчанин, последний представитель знатного рода, в течении всего романа занят размышлениями об основах человеческого бытия. – Прим. переводчика] вспоминает о своем визите к так и не названному в тексте пожилому и знаменитому русскому, чью славу автор дневниковых записей усилиями Рильке всячески стремится развенчать, чтобы услышать голос »нового искусства«. Вместе с тем морально-этические проблемы, беспокоившие Толстого, всегда влекли к себе и Рильке. Запечатлев их во всех деталях в своей

gefalteten Hände, als hinge eine Menge davon ab, sie nicht zu vergessen. Über dem Bestreben, alle Einzelheiten, die er nach und nach entdeckte, in ihrem Umriß unterzubringen, waren sie ihm viel zu groß geworden, und nun standen sie vorn in dem Bilde, hoch wie ein Kirchturm, ein für alle Mal. Es ging mir durch den Kopf, daß mit diesen Händen wirklich etwas von dem Schicksal der dargestellten Frau überliefert war, aber zugleich empfand ich, daß ich mich viel zu lange mit ihnen einließ. Denn welches Interesse konnte ich an dieser Nonne haben, von der man wahrscheinlich nicht einmal den Namen wußte? Ich weiß, ich hielt es damals für einen Vorwand meiner Verlegenheit, ich meinte sogar nicht ganz wahr zu sein, indem ich mich immer noch mit dieser Malerei beschäftigte. Und doch war es ganz anders. Jetzt, nach so langer Zeit, begreife ich, daß dieses Bild mich anging. Wie so oft alte Bildnisse, hing es da im Saal und enthielt, unter dem Schein einer Unbekannten, das vorhandene Verhängnis des Hauses. Die Äbtissin war gleichgültig, und vielleicht war ihr Leben für andere ohne Bedeutung. Daß es *ihre* Hände waren, das ging mir sicher nicht nah, aber daß in diesen grotesk großen Händen das entscheidende, das hinreißende Erlebnis des Malers war, der der Welt gewahr wurde, der sich zum ersten Mal mit allem Glück und aller Mühsal seines Wesens nachfühlend an ihr versuchte: das schaute ich in mich hinein, und jetzt ergreift es mich von innen. Denn genau das gleiche Erlebnis war in diesem Haus unterdrückt worden, wieder und wieder. Hier hatte einer, dem das Herz für die Herrlichkeit zweier Hände aufgegangen war, seine vielen Jahre damit hingebracht, sich zu weigern. Eigenmächtig hatte er über sein Leben verfügt und sich gewehrt und anders gewollt. Mit immer neuen Beschäftigungen hatte er seine innerste Aufgabe zu ersticken versucht, und die Beängstigung, mit der ihr Drängen ihn erfüllte, war schließlich so groß geworden, daß er die ganze Welt beunruhigte um seiner Ruhe willen. War er nun ruhig? Man stand vor ihm, man zwang sich aufzusehen, man wußte es nicht. Unwillkürlich sah man um sich, aber es war nirgends ein Beweis dafür, daß in diesem gewissensgeizigen Greis der Kampf zu Ende war. Wie, wenn die ungeheuer angewachsene Forderung seines Werkes sich noch einmal in ihm erhübe? Wie, wenn er Recht gehabt hätte mit seiner vielen Todesfurcht, weil er nun doch enden würde als einer, der am Beginn unterbrochen war? Es war kein Zimmer in diesem Haus, in dem er sich nicht gefürchtet hatte zu sterben. [...] Und mit einem Entsetzen ohnegleichen ahnte er, daß sein Inneres kaum angefangen war; daß er, wenn er jetzt stürbe, nicht lebensfähig sein würde im Jenseits; daß man sich dort schämen würde für seine rudimentäre Seele und sie in der Ewigkeit verstecken würde wie eine Frühgeburt. Er sah nicht, daß diese Angst die Angst seines Stolzes war. Er merkte nicht, wieviel Ungeduld

художественной прозе, он, однако, по отношению к документальным записям значительно сместил акценты. В центре повествования оказалась зала с портретами, кратко описанная ранее в дневнике в Ворпсведе. Там уже упоминалось о портрете монахини, в изображении которой художник позволил себе отклониться от иконописного канона. То, как были написаны руки модели, означало отказ от самоограничения традиции и в романе Рильке обрело характер притчи о подавляемых в доме писателя внутренних потребностях творчества. Затем на первый план выходит тема »страха смерти«, обозначенная ранее в письмах Рильке осенью 1900 года к своим друзьям из Ворпсведе и положенная в основу повести Толстого ›Смерть Ивана Ильича‹. Необыкновенная проницательность писателя чрезвычайно поразила Рильке при чтении этого произведения и позволила проникнуть в проблему его »отношения к смерти«. В одном из длинных писем к Лотте Хепнер от 8 ноября 1915 года он описывает страх как »громадное здание или башню, со своими

45 *Суперобложка и титульный лист рассказа в переводе Рудольфа Касснера (Немецкий литературный архив, Марбах)* – Umschlag und Titelblatt der von Rudolf Kassner übersetzten Erzählung (Deutsches Literaturarchiv, Marbach)

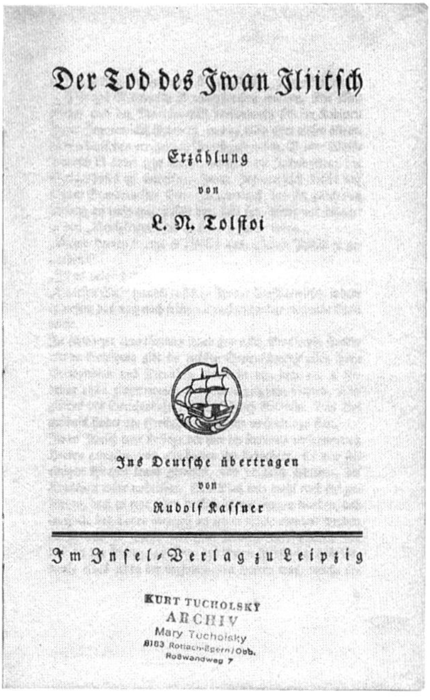

und Eitelkeit darin lag, daß er die Liebe aus seiner Arbeit riß um sie schier aufzuzeigen und allen damit Gewalt anzutun. Er wußte nicht, daß seine neue Stimme für den Ruhm, den er verjagen wollte, nur noch ein lauterer Lockruf war. [...]«.

Hier also erinnert sich Malte, Rilkes »Romanheld«, an seinen Besuch bei dem greisen Russen, der im Text nicht genannt wird, so wenig wie das eigentliche »métier« des Alten, dessen Ruhm dieser verjagen wollte zugunsten jener »neuen Stimme« der verkündeten schlichten Handarbeit, in der Rilkes Tagebuchschreiber mit dem Scharfblick seines Autors nur wiederum den »Lockruf« des gewaltsam unterdrückten zu vernehmen weiß. So kehrt auch diese Reflexion zu der den Dichter immer wieder beunruhigenden ästhetisch-moralischen Grundproblematik Tolstojs zurück. In den Einzelheiten verschieben sich in Rilkes fiktivem Text die Akzente erheblich gegenüber allen früheren Erfahrungsberichten. Ganz im Zentrum steht nun der Bildersaal; und darin wieder dieses schon im Tagebuch aus Worpswede, wenngleich dort nur kurz, hervorgehobene Bildnis der Nonne; dazu der Maler des Bildes, dessen vom Kanon der tradierten Ikonenmalerei abweichende, realistische Darstellung der Nonnenhände das Thema eines künstlerischen Durchbruchs anklingen läßt. Und plötzlich enthüllt sich das dem Bild entnommene Gelingen im Teil-Sujet der ›Hände‹, nach langem Weigern und Sich-Wehren des Malers, als ein Gleichnis für das, was »in diesem Hause unterdrückt worden« war und doch die »innerste Aufgabe« des »Eigenmächtigen« hätte bleiben müssen. Schließlich aber tritt, vom Besuchsablauf sich endgültig lösend, das Thema von Tolstojs »Todesfurcht« in den Vordergrund, von dem Rilke schon im Herbst 1900 seinen Worpsweder Künstlerfreunden erzählt hatte und das sich zum Teil auf die große Erzählung vom ›Tod des Iwan Iljitsch‹ bezieht. Sie gehörte, mit der Schärfe ihrer Beobachtung, für Rilke zu den stärksten Eindrücken seiner Tolstoj-Lektüre; auch und gerade von ihr aus schloß er auf Tolstojs »Verhältnis zum Tode«. Es wird, schreibt er in seinem großen Brief an Lotte Hepner vom 8. November 1915, »bis zuletzt eine großartig durchdrungene Angst gewesen sein, eine Fuge von Angst gleichsam, ein riesiger Bau, ein Angst-Turm mit Gängen und Treppen und geländerlosen Vorsprüngen und Abstürzen nach allen Seiten – nur, daß die Kraft, mit der er auch noch den Aufwand seiner Angst erfuhr und zugab, im letzten Augenblick vielleicht, wer weiß es, in unnahbare Wirklichkeit umschlug, plötzlich dieses Turmes sicherer Boden, Landschaft und Himmel war und der Wind und ein Flug Vögel um ihn –«.

Als Rilke im Herbst 1909 die beiden Aufzeichnungen über Tolstoj für den damals gesuchten Abschluß seines Malte-Romans schrieb, war der alte Graf

переходами и лестницами, нависшими над безднами балконами без перил. И тот, кто испытал воздействие такого страха знает, что, быть может в последний миг, его непременно ждет возвращение из этой страшной башни в безопасную реальность окружающего мира, в невозмутимость земли и неба, и птицы в нем летящей«.

Когда осенью 1909 года Рильке писал посвященные Толстому отрывки своего романа, старый граф был еще жив. Обстоятельства его смерти в следующем году не оказались для столь наблюдательного посетителя Ясной Поляны совершенно неожиданными. 18 ноября 1910 года в письме к Кларе Рильке поэт признавался: »Мои предчувствия со смертью Толстого на этой маленькой неизвестной станции стали реальностью. Где бы он не находился, какой бы путь не выбрал, его внутренняя жизнь обнажается и становится легендой.« Так случилось, что, несмотря на ощущение своей »связи с русской почвой« и ее »братьями-творцами« (письмо к Аните Форрер, 22./24.3.1920), Рильке больше никогда не посещал Россию, не был в Ясной Поляне, в том лесу, где, согласно своей воле, под простым зеленым холмиком покоится Лев Толстой и где на изгибе дороги белеет »колонна«. Конец первого »толстовского« отрывка романа Рильке потребовал от автора особой проницательности и способности нарисовать в своем воображении переживания писателя, который, по его впечатлению, »был страстно погружен в природу«. (письмо к Лотте Хепнер, 8.11.1915). Они перекликаются с дневниковыми записями Толстого, сделанными в 1878 году. Рильке использовал для работы также изданную в Париже трехтомную биографию Толстого (P. Birukov »Leon Tolstoy, Vie et Oeuvre«).

»Мне рисуется следующая картина: где-то в заросшем парке есть могильный камень, который я не в силах отыскать. На нем ничего не значится, кроме года и того майского дня, когда он опять не был в силах оторвать себя от всего этого – запаха, травы, громадных кленовых листьев и роя пчел над желтыми цветами. Тех, что улетят отсюда прочь со своей добычей после тринадцатого. Мне все кажется, что он попрежнему здесь рядом.«

46 *На противоположенной странице: Л. Н. Толстой на лавочке »под деревом бедных«. Ясная Поляна. 1908. Фото П. Е. Кулакова (Государственный музей Л. Н. Толстого, Москва)* – Auf der gegenüberliegenden Seite: Tolstoj auf dem Bänkchen unter dem »Baum der Armen«. 1908. Photographie von P. Kulakov (Staatliches Tolstoj-Museum, Moskau)

noch am Leben. Die Umstände seines Todes im folgenden Jahr konnten den einstigen, so genau beobachtenden Besucher von Jasnaja Poljana nicht gänzlich überraschen. »Soviel mir bevorsteht«, schrieb er am 18. November 1910 an Clara Rilke, »eigentlich ist mir alles verdeckt durch den Tod Tolstois auf dieser kleinen, unbekannten Station, wieviel Raum zu handeln ist doch auch noch in unserer Zeit, wieviel Wege fortzugehen, wie hat dieses innere Leben doch immer wieder ins Sichtbare ausgeschlagen, unmittelbar in seine Legende übergehend.« Die Zeitläufte aber brachten es mit sich, daß Rilke, trotz seiner im »Gefühl« bewahrten »Verbundenheit« zu der »russischen Erde« und ihren ihm »brüderlichen Geschöpfen« (an Anita Forrer, 22./24.3.1920), Rußland nicht mehr wiedergesehen hat; und nicht mehr Jasnaja Poljana, in dessen Wald Lew Tolstoj auf eigenen Wunsch unter einem schlichten Erdhügel beigesetzt wurde, zu dem, an der Wendung des Weges, eine »Säule« weist. Der Schluß der ersten Tolstoj-Aufzeichnung zu Rilkes ›Malte‹ ruft, auf eigentümliche Weise vorausschauend, ein solches Bild in die Vorstellung, auch wenn das damit verbundene Naturerlebnis des Erzählers, der in Rilkes Sicht »so leidenschaftlich in die Natur eingelassen war« (an Lotte Hepner, 8.11.1915), auf eine Tagebucheintragung Tolstojs von 1878 zurückgeht. Rilke hat es der von ihm benutzten dreibändigen Biographie von P. Birukov entnommen: Léon Tolstoi, Vie et Œuvre (Paris 1906–1909).

»Ich bilde mir ein, es giebt irgendwo in dem zuwachsenden Park einen Denkstein, den ich nicht gefunden habe; eine Säule, auf der nichts steht als der Junitag und das Jahr, da er, noch einmal von sich überwältigt, still aufsah und aufschrieb: wie der Duft war und wie das Gras; wie enorm die Ahornblätter geworden waren, und daß eine Biene die gelben Blumen besucht und nach der dreizehnten abfliegt mit ihrem Ertrag. So bestünde doch eine Gewißheit, daß er jetzt war. […].«

47 *На противоположенной странице: Могила Льва Толстого в Ясной Поляне. 1921. Фотография В. Огнева (Государственный музей Л. Н. Толстого, Москва)* – Auf der gegenüberliegenden Seite: Leo Tolstojs Grab in Jasnaja Poljana. 1921. Photographie von V. Ognev (Staatliches Tolstoj-Museum, Moskau)